서울대 한국어+

Student's Book

서울대학교 언어교육원 지음
장소원 | 김정현 | 김민희 | 박미래

3A

서울대학교출판문화원

머리말

《서울대 한국어+》는 한국어 학습자들의 한국어 능력이 효과적으로 향상될 수 있도록 서울대학교 언어교육원의 축적된 한국어 교육 경험을 녹여 낸 교재입니다. 이 시리즈를 통해 한국어 학습자들은 한국어의 표현 영역인 말하기, 쓰기 기술과 이해 영역인 듣기, 읽기 기술을 단계적이고 주도적으로 높여 나갈 수 있습니다.

《서울대 한국어+ Student's Book 3A》는 약 400시간의 정규과정을 마친 일반 목적의 성인 한국어 학습자들이 200시간의 정규과정을 통해 한국어 숙달도 중급 수준의 한국어를 학습할 수 있게 구성한 교재입니다. 이 책은 우리 주변에서 흔히 접할 수 있는 친숙하고 일상적인 주제를 다루며 정확하고 유창한 한국어 의사소통 능력을 기를 수 있도록 구성하였습니다. 각 단원의 주제와 관련된 어휘를 묶어 그림과 함께 제시하여 입체적으로 학습할 수 있도록 하였고, 말하기, 듣기, 읽기, 쓰기 기술을 효과적으로 연습할 수 있는 문법과 표현을 선정하여 구성하였습니다.

기존 교재가 문법을 교육 내용으로 전면적으로 제시하고 있던 것과 달리《서울대 한국어+》에서는 문법과 표현을 영어 번역과 함께 별도의 책으로 제공하여 학습자들이 이들을 스스로 익혀 의미를 이해한 후 주교재의 활동을 통해서 표현할 수 있도록 하였습니다.

말하기 활동을 강화하여 학습자들이 익힌 어휘와 문형을 각 단계와 상황에 맞게 활용할 수 있도록 구성하였습니다. 일상생활에서 자주 접하는 구어 중심의 듣기, 말하기 활동과 더불어 발표, 인터뷰, 역할극 등 다양한 상황에서 활용할 수 있는 말하기, 듣기 기능을 학습함으로써 한국어 학습에 흥미를 느낄 수 있도록 하였습니다. 특히 다양한 장르의 읽기 텍스트를 배치하고 이와 관련된 쓰기 활동을 제공하여 이해 영역인 읽기와 표현 영역인 쓰기 활동이 자연스럽게 연계되도록 집필하였습니다.

쓰기 영역은 단계적으로 구성하여 학습자가 과정 중심의 쓰기 활동을 통해 표현 능력을 향상시킬 수 있게 편제하였습니다. 또한 각 단원의 과제는 실제성을 고려하여 단계별로 차근차근 수행할 수 있도록 구성하였으며, 이들 단원에서 학습한 어휘, 문법과 표현, 그리고 말하기, 듣기, 읽기, 쓰기를 과제에서 통합적으로 활용할 수 있도록 집필하였습니다.

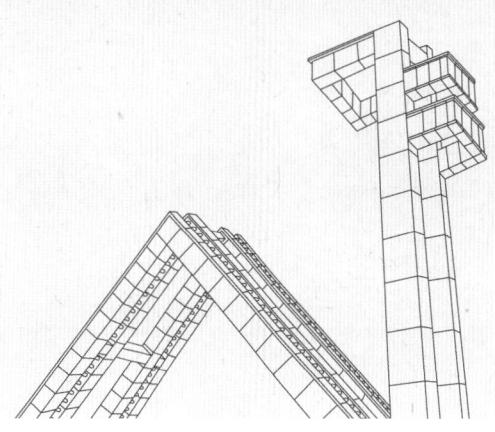

　문화 영역은 단원의 주제와 관련된 한국 문화를 상호문화적으로 접할 수 있도록 언어문화적 내용과 사회문화적 내용을 복합적으로 고려하여 담았습니다. 발음은 단원의 어휘 또는 문법과 표현, 언어 기능별 기술을 학습하는 데에 관련이 있는 필수적인 것들을 선정하여 제시하였고, 연습책의 복습 부분에서 다시 정리, 연습할 수 있도록 구성하였습니다.

　이 책이 나오기까지 정말 많은 분들의 수고가 있었습니다. 서울대학교 국어국문학과 장소원 교수님은 《서울대 한국어+》 1~6급 교재의 기획, 교재 개발을 위한 사전 연구와 집필, 출판에 이르는 전체적인 과정을 총괄해 주셨고, 3급 교재의 집필을 총괄한 김정현 선생님을 비롯해서 김민희, 박미래 선생님은 오랜 기간 원고 집필뿐 아니라 편집, 출판 작업을 꼼꼼하게 진행해 주셨습니다. 또한 3급 교재 전권의 감수를 맡아 주신 안경화 교수님과 자문을 해 주신 한재영 교수님, 최은규 교수님의 도움이 없었다면 지금과 같은 책의 완성도를 기대하기 어려웠음을 잘 알고 있습니다. 깊이 감사드립니다. 그리고 영어 번역을 맡아 주신 이소명 번역가와 번역 감수를 맡아 주신 UCLA 손성옥 교수님, 그리고 멋진 삽화 작업으로 빛나는 책을 만들어 주신 ㈜예성크리에이티브 분들께도 감사드립니다. 또 녹음을 담당해 주신 성우 이상운, 조경아 선생님과 2022년 여름학기에 샘플 단원으로 수업을 하신 후 소중한 의견을 주신 3급 정규반의 김정교, 성석제, 신희랑, 이명희, 이창용 선생님께도 진심으로 감사의 말씀을 드립니다. 마지막으로 학술 도서와 전혀 성격이 다른 한국어 교재의 출판을 결정하고 물심양면으로 지원해 주신 서울대학교출판문화원 이경묵 원장님과, 밤낮을 가리지 않고 고생을 감수하신 실무진 여러분들께도 깊이 감사드립니다.

2023년 4월
서울대학교 언어교육원 원장
장윤희

Preface

SNU Korean⁺ is a textbook that draws on the accumulated Korean language education experience of the Seoul National University Language Education Institute to help learners effectively improve their Korean language skills. Through this series, Korean language learners can gradually and pro-actively improve their speaking and writing skills, which are areas of expression, and their listening and reading skills, which are areas of comprehension.

SNU Korean⁺ Student's Book 3A is designed for general-purpose adult Korean language learners who have completed approximately 400 hours of classroom instruction and learn Korean at an intermediate level of proficiency through 200 hours of regular course work. This textbook covers familiar and common topics, so learners can develop accurate and fluent Korean communication skills. The vocabulary related to each unit's topic is grouped and illustrated to help learners comprehensively learn vocabulary along with selected grammar and expression for an effective way of practicing speaking, listening, reading, and writing skills.

Instead of including grammar and expression like in the previous textbook, a separate grammar and expression book with English translations is provided for learners to learn at their own pace, understand the meaning, and express themselves through the activities in the student's book.

By enhancing speaking activities, learners can apply the newly learned vocabulary and sentence patterns according to each stage and situation. It encourages interest in Korean language learning through everyday listening and speaking activities, along with speaking and listening skills through various activities such as presentations, interviews, and role play. In particular, by arranging reading texts of various genres and related writing activities, the learners can naturally link reading, an area of understanding, to writing, an area of expression.

Writing is divided into stages for learners to improve their expressive skills through process-oriented writing activities. The tasks in each unit are structured so they can be performed step-by-step. In consideration of practicality and the vocabulary, grammar and expression learned in these units, as well as speaking, listening, reading, and writing, can be used in an integrated manner.

    The culture section accounts for lingual-cultural and social-cultural content in a complex way for learners to encounter Korean culture in an intercultural context related to the unit's topic. Pronunciation was selected based on necessity related to learning the vocabulary, grammar and expression of the unit, and skills for each language function, and was structured so that they could be refreshed and practiced in the review section of the workbook.

    A lot of dedication went into the publication of this book. I would like to express my sincere gratitude to everyone who contributed to this project. Thank you to Seoul National University Professor Chang Sowon at the Department of Korean Language and Literature, for overseeing the entire project, beginning with the preliminary research for the development of **SNU Korean⁺** Levels 1-6, Seoul National University LEI Instructor Kim Junghyun, for editing the authoring of Level 3, and Seoul National University LEI Instructors Kim Minhui and Park Mirae, for writing, reviewing, and editing the manuscript to produce the overall completion of **SNU Korean⁺** Level 3. My deepest thanks to supervisor former Seoul National University LEI Professors Ahn Kyunghwa, and consultants Hanshin University Honorary Professor Han Jae Young and former Seoul National University LEI Professor Choi Eunkyu because the Level 3 textbooks could not have been developed without their help. Thanks to translator Lee Susan Somyung, translation editor UCLA Professor Sohn Sung-Ock, and the YESUNG Creative artists for the stunning illustrations. Many thanks to the voice actors Lee Sangun and Cho Kyung-ah, along with Seoul National University LEI Level 3 Instructors Kim Jeongkyo, Seong Seogje, Shin Heerang, Lee Myunghee, and Lee Changyong, who provided insightful feedback after using the sample unit as a pilot in the summer semester of 2022. Lastly, a special thanks to Seoul National University Press Director Lee Kyungmook for providing financial and spiritual support and deciding to publish these Korean textbooks, as well as everyone for working tirelessly on this project.

April 2023
Jang Yoonhee
Executive Director
Language Education Institute, Seoul National University

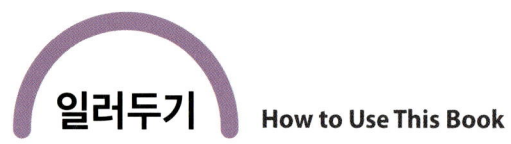

일러두기 How to Use This Book

《서울대 한국어+ Student's Book 3A》는 1단원부터 9단원까지 9개의 단원 체제로, 각 단원은 2개 과로 구성된다. 단원의 1과는 '어휘, 말하기 1·2, 듣기 1·2·3', 2과는 '어휘, 읽기 1·2·3, 쓰기, 과제, 문화, 발음, 자기 평가'로 이루어져 있다. 각 과는 4시간 수업용으로 구성하였다.

SNU Korean+ Student's Book 3A consists of Units 1-9. Each unit has two lessons – Lesson 1: Vocabulary, Speaking 1, 2, Listening 1, 2, 3, and Lesson 2: Vocabulary, Reading 1, 2, 3, Writing, Task, Culture, Pronunciation, and Self-Check. Each lesson amounts to 4 hours of classwork.

단원 주제와 관련된 그림과 질문을 보고 해당 과의 주제에 대해 생각해 볼 수 있도록 구성하였다. 학습자는 질문을 이해하고 답을 생각해 보면서 배경지식을 활성화하고 학습 목표와 학습 주제를 이해할 수 있다.

The book is designed so that learners can think about the topic of the lesson by looking at the pictures and asking questions related to the topic of the unit. Learners can activate their background knowledge and recognize learning goals and subject matter by understanding the questions and thinking about the answers.

어휘 Vocabulary

주제별로 선정된 목표 어휘를 시각 자료 또는 질문과 함께 제시하여 학습자가 어휘의 의미를 추측할 수 있도록 구성하였다.

The target vocabulary for each topic is presented with visuals so learners can guess what the vocabulary means.

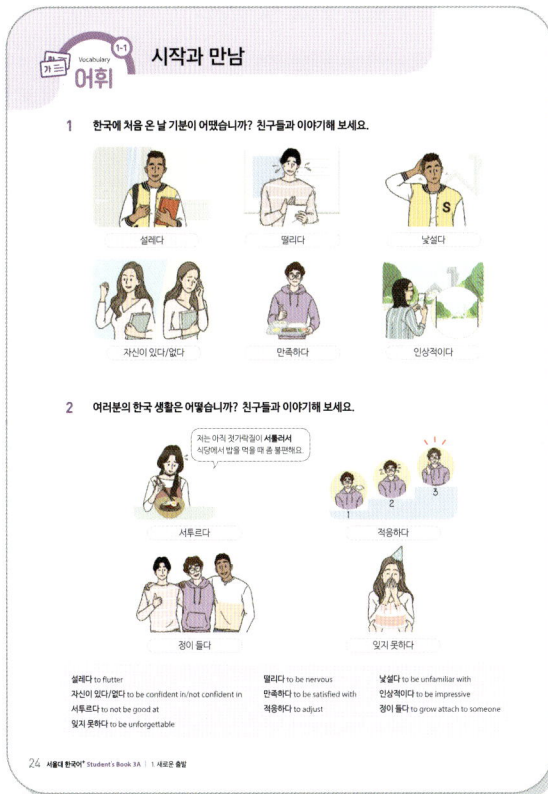
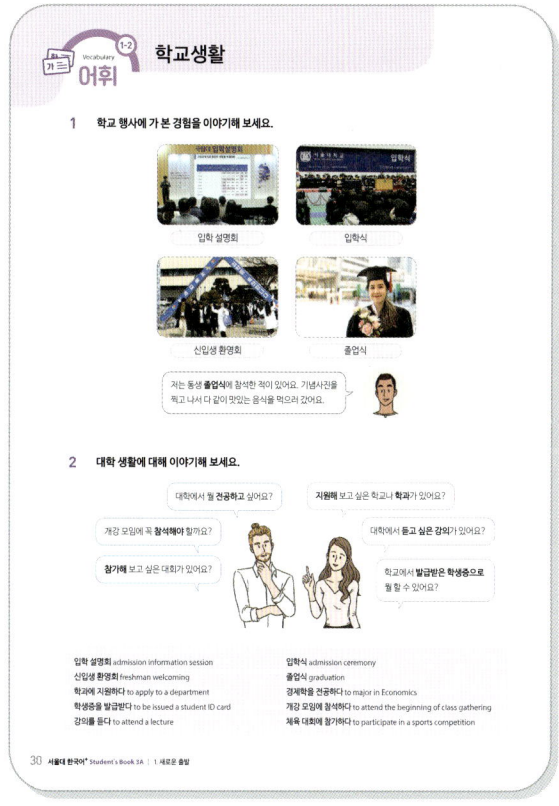

말하기 Speaking

해당 과의 목표 문법과 표현 및 주제 어휘를 대화문에 포함하여 학습자들이 이를 자연스럽게 이해할 수 있도록 구성하였다. 말하기는 '준비 1·2(목표 문형 학습을 위한 말하기 연습)'와 '말하기 1(목표 문법과 표현 및 주제 어휘를 포함한 대화문을 교체해 보는 말하기 연습)' 그리고 '말하기 2(대화문을 활용한 담화 연습)'로 이루어졌다.

The unit's target grammar, expression, and topic vocabulary are included in the dialogue so that learners can understand them naturally. Warm-up consists of 1, 2 (speaking practice for learning target sentence patterns), Speaking 1 (speaking practice replacing conversational sentences including target grammar, expression, and topic vocabulary), and Speaking 2 (discourse practice using dialogues).

준비 1·2 Warm-up 1, 2

목표 문법과 표현을 정확하게 익혀서 다음 단계인 말하기 1을 준비할 수 있도록 하였다.

Learners can prepare for the next stage, Speaking 1, by accurately learning the target grammar and expression.

말하기 1 Speaking 1

해당 과의 주제에 대한 대화문이다. 이 대화문을 활용하여 학습자가 직접 구어 담화를 구성하는 연습을 할 수 있도록 구성하였다. 학습자는 주어진 3개의 상황을 활용하여 의미 있는 담화를 구성해 보며 연습을 통해서 유창하게 말할 수 있게 된다.

This stage is the dialogue for the unit's topic. It is designed for learners to practice composing oral discourse using the dialogue. Learners can use the three given situations to compose meaningful discourse and speak fluently through practice.

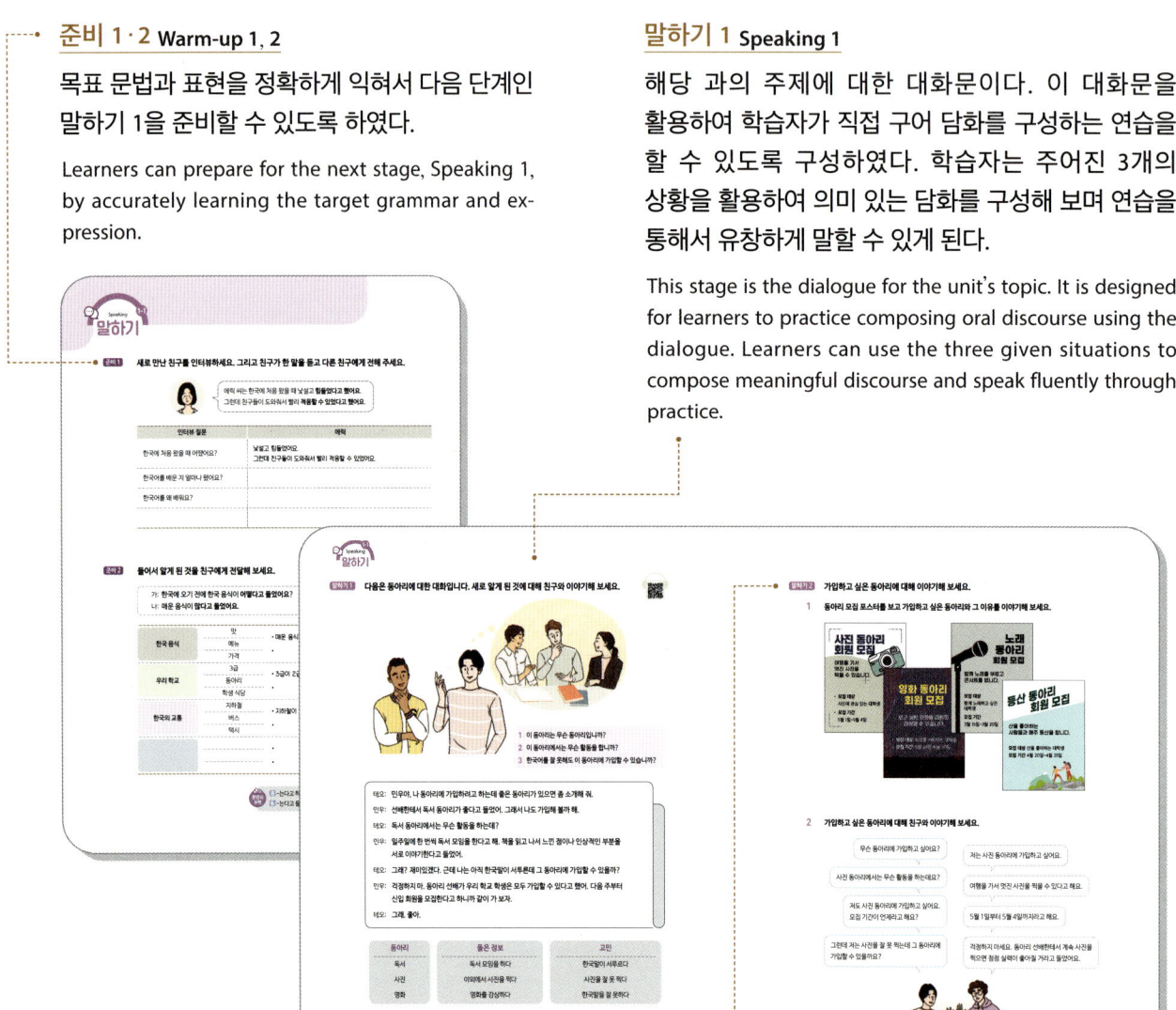

말하기 2 Speaking 2

대화문을 연습한 후 학습자 스스로 의미 있는 말하기를 연습할 수 있도록 활동 단계를 2~3단계로 구성하여 자유롭고 유창하게 말할 수 있도록 하였다.

The activity stage is composed of 2-3 steps so that learners can practice meaningful speaking on their own after practicing a dialogue so that they can speak freely and fluently.

듣기 Listening

'준비', '듣기 1·2·3'과 '말하기' 활동으로 구성하였다.
This section is composed of Warm-up, Listening 1, 2, 3, and Speaking.

준비 Warm-up

듣기 전 단계로, 들을 내용을 예측할 수 있는 질문 또는 시각 자료를 제시하여 학습자의 배경지식을 활성화한다.

This is the pre-listening stage. Learners' background knowledge is activated by presenting questions, photos, and illustrations that help predict what they will hear.

듣기 Listening

듣기 단계는 '듣기 1·2·3'으로 구성하였다. 여러 주제와 상황을 제시하였고 실제적이고 다양한 종류의 듣기 자료를 제시하여 학습자의 의사소통 능력 향상에 도움을 주고자 하였다. 듣기 단계에서는 들은 내용을 확인하는 문제를 제시하여 학습자 스스로 이해 수준을 점검해 볼 수 있도록 하였다.

This stage is composed of Listening 1, 2, 3. A variety of topics and situations, along with practical and different listening materials, were presented to help learners improve their communication skills. Questions are presented in the listening stage to confirm learners' listening skills and level of understanding.

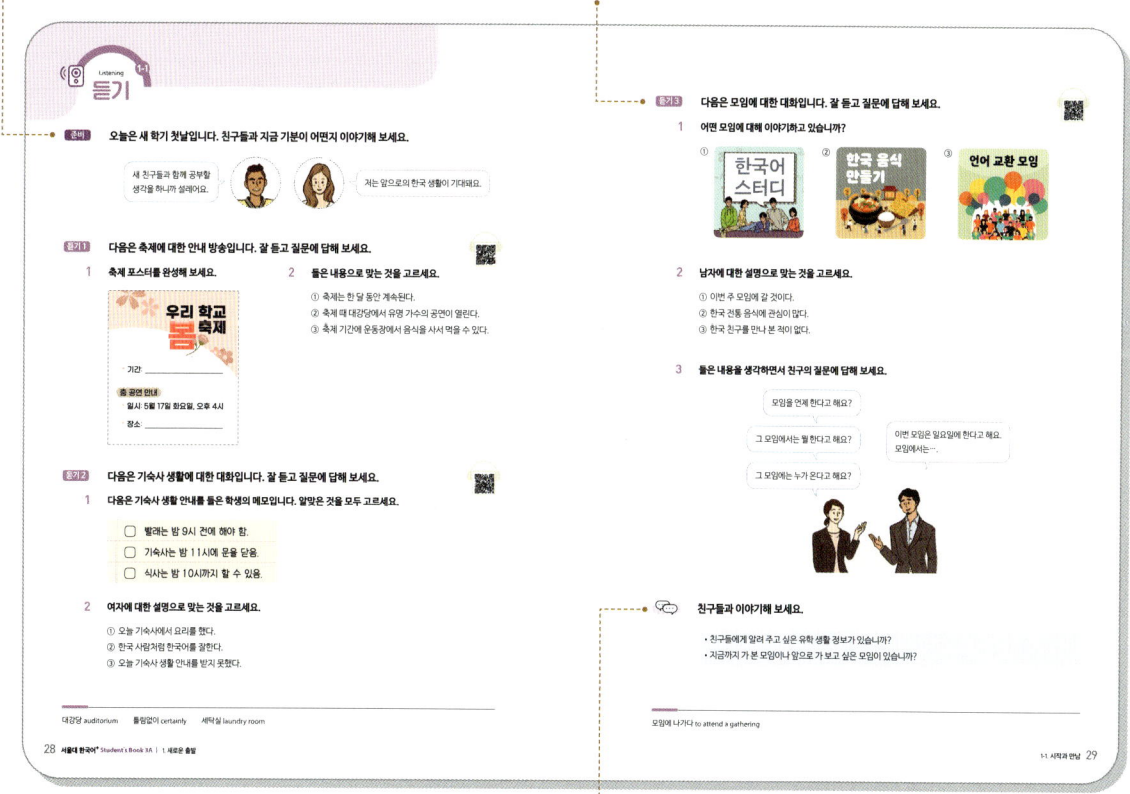

말하기 Speaking

듣기 후 단계이다. 이 단계에서는 듣기의 주제 및 기능과 연계된 짧은 담화를 구성하게 하여 학습자의 의사소통 능력을 향상시킬 수 있도록 하였다.

This is the post-listening stage. Learners can improve their communication skills by composing short discourses related to the topic and functions of listening.

읽기 Reading

'준비', '읽기 1·2·3'과 '말하기' 활동으로 구성하였다.
This stage is composed of Warm-up, Reading 1, 2, 3, and Speaking.

준비 Warm-up

읽기 전 단계이다. 목표 문법과 표현을 짧은 담화 형태로 제시하여 읽기를 준비하도록 하였다. 이 단계에서는 주제와 관련된 짧은 말하기 활동을 통해서 학습자의 읽기 텍스트 관련 배경지식을 활성화할 수 있도록 하였다.

This is the pre-reading stage. The target grammar and expression are presented in the form of short discourse to prepare for reading. In this stage, learner's background knowledge related to the reading text is activated through short speaking activities related to the topic.

읽기 Reading

읽기 단계는 목표 문법과 표현이 포함된 읽기 1·2·3으로 구성하였다. 이 단계에서는 학습자의 수준에 맞는 실제적이고 다양한 종류의 텍스트를 제시하였다. 읽은 내용에 대한 확인 문제를 통해서 학습자 스스로 이해 수준을 점검해 볼 수 있다. 읽기 3의 경우 쓰기 활동과 연계시켜 학습자의 쓰기를 향상시킬 수 있도록 하였다.

This stage is composed of Reading 1, 2, 3, including the target grammar and expression. In this stage, practical and diverse types of texts appropriate for learners' levels are shown. There are questions so learners can confirm the content of what they read and check their own level of understanding. In the case of Reading 3, it has been set up to improve learners' writing by linking it with the writing activities.

말하기 Speaking

읽기 후 단계이다. 이 단계에서는 읽기의 주제 및 기능과 연계된 질문을 제시하여 학습자들이 읽기 텍스트와 관련된 대화를 자유롭게 만들어 보도록 하였다.

This is the post-reading stage. In this stage, questions about the topic and function of reading are presented so that learners can freely create conversations related to the reading text.

쓰기 Writing

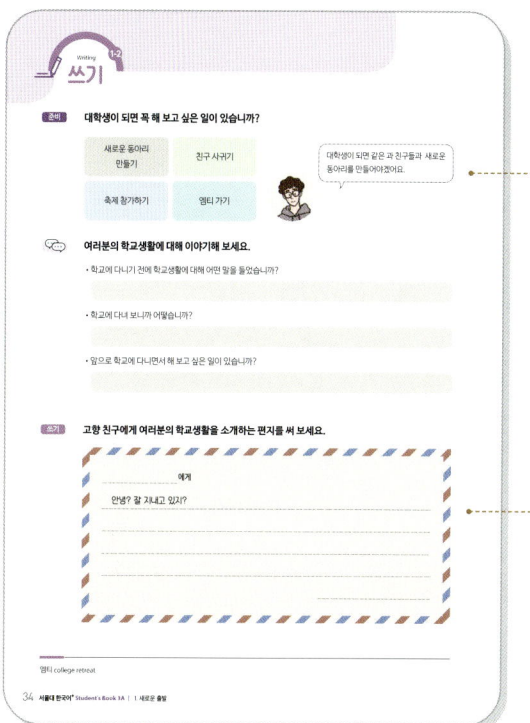

'준비'와 '쓰기' 활동으로 구성하였다.

This section is composed of Warm-up and Writing.

준비 Warm-up

쓰기 전 단계이다. 학습자는 질문이나 대화를 통해서 자신이 쓸 내용을 구상할 수 있다. 이를 활용하여 내용에 대한 개요를 작성하도록 하였다.

This is the pre-writing stage. Through questions or dialogues, learners can think about what they are going to write. Learners can utilize these activities to create an outline.

쓰기 Writing

준비 단계에서 작성한 개요를 바탕으로 하여 읽기 텍스트와 유사한 종류의 글을 쓰도록 하였다. 과정 중심 글쓰기 활동이며 이 단계를 통해서 학습자들이 자신의 쓰기 능력을 향상시킬 수 있도록 하였다.

Based on the outline prepared in the pre-writing stage, learners will write a similar text to the reading text. It is a process-oriented writing activity, and learners can improve their writing skills at this stage.

과제 Task

문제 해결 능력을 향상시킬 수 있는 과제 수행 단계로서 준비와 2~3단계로 구성하였다. 학습자 상호 작용을 통해 언어 사용의 유창성을 키우는 동시에 본 단원에서 학습한 주제 어휘와 목표 문법을 내재화하도록 한다.

The task stage, composed of Warm-up and 2–3 activities, can help improve problem-solving abilities. Through interactions among classmates, learners can internalize the topic vocabulary and target grammar learned in the unit.

문화 Culture

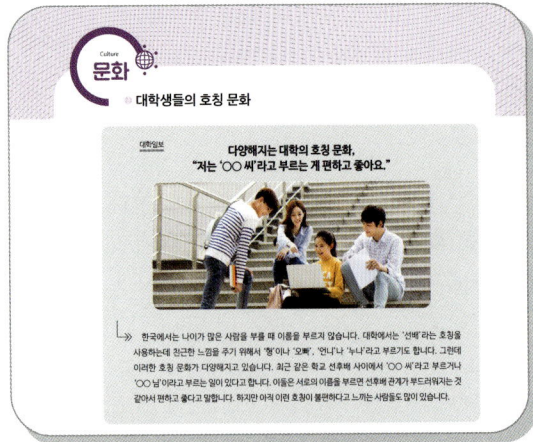

단원에서 제시하는 주제와 관련된 한국 문화 내용을 시각 자료와 간단한 텍스트로 함께 제시하여 한국 문화에 대한 이해를 넓힐 수 있게 구성하였다.

The Korean culture content related to the unit's topic is presented in simple text with visual materials so that learners can broaden their understanding of the Korean culture.

발음 및 자기 평가
Pronunciation and Self-Check

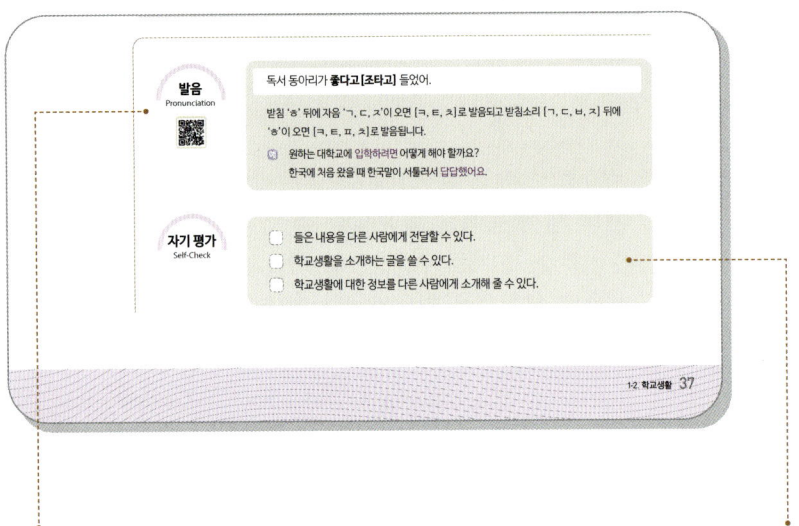

발음 Pronunciation

단원의 '말하기 1'에서 나타나는 음운 현상을 확인하고 예문을 통해 이해시킬 수 있게 구성하였다.

Pronunciation is structured so that the phonological phenomenon that appears in Speaking 1 of the unit can be confirmed and understood through example sentences.

자기 평가 Self-Check

단원에서 학습한 어휘와 문법을 사용하여 학습 목표를 달성하였는지를 질문과 답을 통해서 학습자 스스로 확인할 수 있도록 구성하였다.

By answering questions using the vocabulary and grammar learned in the unit, learners can check if they have achieved their learning goal.

차례 Table of Contents

머리말 Preface	• 2
일러두기 How to Use This Book	• 6
교재 구성표 Scope and Sequence	• 14
등장인물 Characters	• 20

3A

단원	제목	소단원	쪽
1단원	새로운 출발 New Start	1-1. 시작과 만남 Beginnings & Encounters	• 24
		1-2. 학교생활 School Life	• 30
2단원	날씨와 여행 Weather & Travel	2-1. 날씨 정보 Weather Information	• 40
		2-2. 휴가 계획 Vacation Plans	• 46
3단원	인터넷 콘텐츠 Internet Content	3-1. 재미있는 콘텐츠 Fun Content	• 56
		3-2. 흥미로운 뉴스 Interesting News	• 62
4단원	약속과 만남 Plans & Meetups	4-1. 약속 Plans	• 72
		4-2. 모임 장소 Meeting Place	• 78
5단원	음식과 조리법 Food & Recipes	5-1. 좋아하는 음식 Favorite Food	• 88
		5-2. 조리법 Recipes	• 94
6단원	여가 생활 Leisure Life	6-1. 함께 하는 운동 Exercising Together	• 104
		6-2. 색다른 취미 Unique Hobbies	• 110
7단원	소비와 절약 Spending & Saving	7-1. 소비 성향 Spending Tendency	• 120
		7-2. 중고 거래 Secondhand Transaction	• 126
8단원	한국 생활 Life in Korea	8-1. 문제와 해결 Problems & Solutions	• 136
		8-2. 문화 차이 Cultural Differences	• 142
9단원	사건과 사고 Incidents & Accidents	9-1. 사고와 부상 Accidents & Injuries	• 152
		9-2. 분실 Lost	• 158

부록 Appendix	• 167

교재 구성표 Scope and Sequence

단원 제목 Unit Title		어휘 Vocabulary	기능별 활동 Skills
1. 새로운 출발 New Start	1-1. 시작과 만남 Beginnings & Encounters	감정과 기분 Emotions & Moods	**말하기 Speaking** • 친구 소개하기 　Introducing a friend • 정보 전달하기 　Relaying information • 동아리 가입에 대해 묻고 답하기 　Joining a club Q&A
	1-2. 학교생활 School Life	대학 생활 University Life	**읽기 Reading** • 입학 설명회에 대한 문자 메시지 읽기 　Text messages about an admission information session • 유학 생활에 대한 답글 읽기 　Comments about studying abroad • 친구에게 보낸 편지글 읽기 　Letter to a friend
2. 날씨와 여행 Weather & Travel	2-1. 날씨 정보 Weather Information	날씨 Weather	**말하기 Speaking** • 날씨 정보 확인하기 　Checking the weather information • 주말에 가고 싶은 장소 정하기 　Deciding where to go on the weekend • 주말 계획에 대해 묻고 답하기 　Weekend plans Q&A
	2-2. 휴가 계획 Vacation Plans	여행 Travel	**읽기 Reading** • 인터넷 게시판 읽기 　Internet bulletin board • 여행 안내 글 읽기 　Travel guide • 가이드북 읽기 　Guide book
3. 인터넷 콘텐츠 Internet Content	3-1. 재미있는 콘텐츠 Fun Content	방송 Broadcasting	**말하기 Speaking** • 하고 싶은 일에 대해 묻고 답하기 　What you want to do Q&A • 방송 프로그램에 대해 묻고 답하기 　Broadcast program Q&A • 즐겨 보는 프로그램에 대해 평가하기 　Rating your favorite shows
	3-2. 흥미로운 뉴스 Interesting News	반응 Reaction	**읽기 Reading** • 인터넷 기사 댓글 읽기 　Internet article comments • 인터넷 뉴스 이용에 대한 기사 읽기 　Article about internet news subscription • 사람을 구한 동물에 대한 기사 읽기 　Article about an animal saving a person

기능별 활동 Skills	문법과 표현 Grammar & Expression	과제 Task	문화 Culture	발음 Pronunciation

듣기 Listening
• 축제 안내 방송 듣기
  Festival announcement
• 기숙사 생활을 문의하는 대화 듣기
  Conversation about dorm life inquiry
• 모임 정보에 대한 대화 듣기
  Conversation about club information
	• 동-는다고 하다,
	  형-다고 하다,
	  명이라고 하다
	• 동-는다고 들었다,
	  형-다고 들었다,
	  명이라고 들었다
		'대학 생활 잘하는 법'에 대해 발표하기
		Presenting 'How to do well in college life'
			대학생들의 호칭 문화
			University student's appellation culture
				좋다고(격음화)
				Aspiration

쓰기 Writing • 학교생활에 대한 편지 쓰기 Letter about school life	• 동-어 보니(까) • 동-어야겠다			

듣기 Listening
• 일기 예보 듣기
  Weather forecast
• 휴가 계획에 대한 대화 듣기
  Conversation about vacation plans
• 여행 계획 변경에 대한 대화 듣기
  Conversation about travel plan changes
	• 동-는대(요),
	  형-대(요),
	  명이래(요)
	• 동형-을 텐데,
	  명일 텐데
		여행 계획하기
		Planning a trip
			꽃샘추위
			Cold snap
				겉옷(연음 1)
				Linking 1

쓰기 Writing
• 고향의 유명한 여행지 안내하는 글쓰기
  Your hometown's famous travel destination guide
	• 명으로 유명하다,
	  동형-기로 유명하다
	• 동-자고 하다			

듣기 Listening
• 라디오 방송 듣기
  Radio broadcast
• 인터넷 콘텐츠에 대한 대화 듣기
  Conversation about internet content
• 방송 프로그램에 대한 시청자 의견 듣기
  Viewer opinion about the show
	• 동-자마자
	• 동-으라고 하다,
	  동-지 말라고 하다
		만들고 싶은 영상 소개하기
		Introducing a video you want to make
			유명한 케이팝 영상
			Popular K-pop video
				시청률
				(비음화 1)
				Nasalization 1

쓰기 Writing
• 고향 뉴스 전달하는 글쓰기
  Hometown news
	• 동-느냐고 하다/묻다,
	  형-으냐고 하다/묻다,
	  명이냐고 하다/묻다
	• 동형-을까 봐(서)			

단원 제목 Unit Title		어휘 Vocabulary	기능별 활동 Skills
4. 약속과 만남 Plans & Meetups	4-1. 약속 Plans	약속 Plans	**말하기 Speaking** • 주어진 상황에 대해 묻고 답하기 Given situation Q&A • 주말 약속 제안하기 Suggesting weekend plans • 약속 정하기 Making appointments
	4-2. 모임 장소 Meeting Place	장소 Place	**읽기 Reading** • 인터넷 게시판 읽기 Internet bulletin board • 사진 스튜디오 광고 글 읽기 Photo studio advertisement • 식당 후기 글 읽기 Restaurant reviews
5. 음식과 조리법 Food & Recipes	5-1. 좋아하는 음식 Favorite Food	맛 Taste	**말하기 Speaking** • 친구와 약속 정하기 Making plans with a friend • 경험한 일에 대해 묻고 답하기 Experiences Q&A • 음식에 대해 묻고 답하기 Food Q&A
	5-2. 조리법 Recipes	조리법 Recipes	**읽기 Reading** • 음식을 추천하는 글 읽기 Food recommendations • 요리 방법 설명하는 글 읽기 Cooking instructions • 고향 음식 소개하는 글 읽기 Hometown cuisine article
6. 여가 생활 Leisure Life	6-1. 함께 하는 운동 Exercising Together	동작 Motion	**말하기 Speaking** • 상황 추측해서 묻고 답하기 Guessing the situation Q&A • 고민을 듣고 조언하기 Listening to concerns and giving advice • 운동에 대해 묻고 답하기 Exercising Q&A
	6-2. 색다른 취미 Unique Hobbies	취미 활동 Hobby Activities	**읽기 Reading** • 여가 생활에 대한 조사 결과 읽기 Leisure life survey • 취미 교실 안내 글 읽기 Hobby class guide • 칼림바 연주 기사문 읽기 Kalimba performance article

기능별 활동 Skills	문법과 표현 Grammar & Expression	과제 Task	문화 Culture	발음 Pronunciation
듣기 Listening • 라디오 사연 듣기 Radio stories • 모임 약속에 대한 대화 듣기 Gathering plans • 호텔 예약에 대한 대화 듣기 Hotel reservations **쓰기 Writing** • 식당이나 카페를 추천하는 글쓰기 Restaurant or cafe recommendation	• 아무 명도 • 명이나 • 피동(-이/히/리/기-)	모임 계획하기 Planning for a gathering	한국의 다양한 카페 Korea's various cafes	강남역('ㄴ'첨가) 'ㄴ' Addition
듣기 Listening • 음식 광고 듣기 Food advertisement • 한국 음식에 대한 대화 듣기 Conversation about Korean food • 주문한 음식을 평가하는 대화 듣기 Conversation about evaluating ordered food **쓰기 Writing** • 고향 음식 만드는 방법 쓰기 How to make your hometown food	• 누구나, 언제나, 어디나, 무엇이나 • 동형-을 줄 모르다 • 동형-어야, 명이어야 • 동형-거든(요), 명이거든(요)	새로운 조리법 개발하기 Developing a new recipe	국과 찌개 Soup and stew	맛있을 줄 (경음화 1) Glottalization 1
듣기 Listening • 라디오 광고 듣기 Radio advertisement • 응원 동작 순서 설명 듣기 Cheering motion sequence explanation • 수영 동작에 대해 듣기 Swimming motions **쓰기 Writing** • 악기 연주 방법 쓰기 How to play an instrument	• 동-나 보다, 형-은가 보다, 명인가 보다 • 동-었다가 • 동-을 생각/계획/예정이다 • 동-을 만하다	일일 재능 나눔 수업하기 Sharing your talent in a one-day class	민화 그리기 Drawing folk painting	뻗고(경음화 2) Glottalization 2

단원 제목 Unit Title		어휘 Vocabulary	기능별 활동 Skills
7. 소비와 절약 Spending & Saving	7-1. 소비 성향 Spending Tendency	소비와 절약 Spending & Saving	**말하기 Speaking** • 성향에 대해 묻고 답하기 Tendencies Q&A • 고민하는 일에 대해 묻고 답하기 Concerns Q&A • 소비 습관에 대해 묻고 답하기 Spending habits Q&A
	7-2. 중고 거래 Secondhand Transaction	구입과 판매 Buying & Selling	**읽기 Reading** • 중고 거래 광고 읽기 Secondhand deal advertisement • 중고 물품 문의하는 글 읽기 Secondhand goods inquiry • 중고 물품 판매하는 글 읽기 Selling secondhand goods description
8. 한국 생활 Life in Korea	8-1. 문제와 해결 Problems & Solutions	문제와 해결 Problems & Solutions	**말하기 Speaking** • 한국에서 경험한 일에 대해 묻고 답하기 Experiences in Korea Q&A • 문제 상황과 해결 방법에 대해 묻고 답하기 Problems and solutions Q&A • 한국에서 생길 수 있는 문제에 대해 묻고 답하기 Possible problems in Korea Q&A
	8-2. 문화 차이 Cultural Differences	오해 Misunderstandings	**읽기 Reading** • 유학생 게시판 읽기 International student bulletin board • 잡지에 실린 인터뷰 읽기 Interview in the magazine • 한국 생활에 대한 블로그 글 읽기 Life in Korea blog post
9. 사건과 사고 Incidents & Accidents	9-1. 사고와 부상 Accidents & Injuries	사고 Accidents	**말하기 Speaking** • 놀란 경험에 대해 묻고 답하기 Startling experience Q&A • 사고가 난 상황에 대해 설명하기 Describing the situation of the accident • 교통사고 상황에 대해 묻고 답하기 Traffic accident situation Q&A
	9-2. 분실 Lost	분실과 도난 Lost & Stolen	**읽기 Reading** • 가방 주인을 찾는 글 읽기 Post looking for the bag owner • 자전거 주인을 찾는 글 읽기 Post looking for the bike owner • 잃어버린 카메라를 찾는 글 읽기 Post looking for a lost camera

기능별 활동 Skills	문법과 표현 Grammar & Expression	과제 Task	문화 Culture	발음 Pronunciation
듣기 Listening • 소비 성향 변화 뉴스 듣기 News about changing spending trends • 선호하는 쇼핑 방식 대화 듣기 Conversation about shopping preferences • 똑똑한 소비 방법 대화 듣기 Conversation about how to spend smarter **쓰기 Writing** • 인터넷에 물건 판매하는 글쓰기 Selling an item on the internet	• 동-는 편이다, 형-은 편이다 • 동-을까 말까 (하다) • 형-어하다 • 동형-던	절약 방법에 대해 조사 후 발표하기 Presentation after surveying saving methods	한국의 속담 Korean proverbs	'-거든(요)'의 억양 '-거든(요)' Intonation

듣기 Listening
• 아파트 안내 방송 듣기
Condo announcement
• 집 문제에 대한 대화 듣기
Conversation about house problems
• 부동산 직원과 손님의 대화 듣기
Conversation between a real estate agent and customer
쓰기 Writing
• 정확한 사실을 전달하는 글쓰기
Conveying accurate facts
	• 동형-더라고(요),
	  명이더라고(요)
	• 동-도록
	• 동-을 뻔하다
	• 명이라고 (해서)
	  다 동-는/형-은/명인 것은 아니다
		문제 상황 카드를 이용해 역할극하기
		Role-playing using problem scenario cards
			한국의 손동작
			Korean hand gestures
				내놓을게요
				('ㅎ'탈락)
				Silent 'ㅎ'

듣기 Listening
• 에스컬레이터 안전 안내 방송 듣기
Escalator safety announcement
• 다친 동료에게 안부를 묻는 대화 듣기
Conversation sending regards to an injured friend
• 물놀이 사고 예방에 대한 뉴스 듣기
Water accident prevention news
쓰기 Writing
• 잃어버린 물건을 설명하는 글쓰기
Lost item description
	• 동-는다고(요),
	  형-다고(요),
	  명이라고(요)
	• 동-다(가)
	• 명만 하다
	• 동-어지다
		사고와 문병 역할극하기
		Role-playing on accidents and visiting an injured person
			한국의 분실물 센터
			Korea's Lost & Found Centers
				심심했는데
				(비음화 2)
				Nasalization 2

하이
베트남, 회사원

아야나
말레이시아, 작가

닛쿤
태국, 연예인 연습생

이유진
한국, 회사원

안나
러시아, 화가

다니엘
미국, 대학원생

에릭
프랑스, 운동선수

자밀라
우즈베키스탄, 모델

1 새로운 출발 New Start

- **1-1** 시작과 만남
- **1-2** 학교생활

1 처음 학교에 왔을 때 기분이 어땠습니까?
2 앞으로 학교에서 무엇을 하고 싶습니까?

시작과 만남

1 한국에 처음 온 날 기분이 어땠습니까? 친구들과 이야기해 보세요.

2 여러분의 한국 생활은 어떻습니까? 친구들과 이야기해 보세요.

설레다 to flutter
자신이 있다/없다 to be confident in/not confident in
서투르다 to not be good at
잊지 못하다 to be unforgettable

떨리다 to be nervous
만족하다 to be satisfied with
적응하다 to adjust

낯설다 to be unfamiliar with
인상적이다 to be impressive
정이 들다 to grow attach to someone

Speaking 1-1 말하기

준비 1 새로 만난 친구를 인터뷰하세요. 그리고 친구가 한 말을 듣고 다른 친구에게 전해 주세요.

에릭 씨는 한국에 처음 왔을 때 낯설고 **힘들었다고** 했어요.
그런데 친구들이 도와줘서 빨리 **적응할 수 있었다고** 했어요.

인터뷰 질문	에릭
한국에 처음 왔을 때 어땠어요?	낯설고 힘들었어요. 그런데 친구들이 도와줘서 빨리 적응할 수 있었어요.
한국어를 배운 지 얼마나 됐어요?	
한국어를 왜 배워요?	

준비 2 들어서 알게 된 것을 친구에게 전달해 보세요.

> 가: 한국에 오기 전에 한국 음식이 **어떻다고 들었어요?**
> 나: 매운 음식이 **많다고 들었어요.**

한국 음식	맛	• 매운 음식이 많다.
	메뉴	•
	가격	•
우리 학교	3급	• 3급이 2급보다 어렵다.
	동아리	
	학생 식당	•
한국의 교통	지하철	• 지하철이 깨끗하고 편리하다.
	버스	•
	택시	
		•
		•

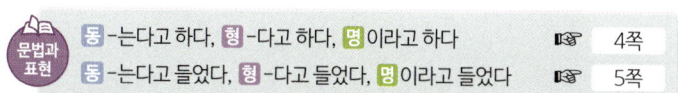

문법과 표현
동 -는다고 하다, 형 -다고 하다, 명 이라고 하다 ☞ 4쪽
동 -는다고 들었다, 형 -다고 들었다, 명 이라고 들었다 ☞ 5쪽

Speaking 말하기 1-1

말하기 1 다음은 동아리에 대한 대화입니다. 새로 알게 된 것에 대해 친구와 이야기해 보세요.

1. 이 동아리는 무슨 동아리입니까?
2. 이 동아리에서는 무슨 활동을 합니까?
3. 한국어를 잘 못해도 이 동아리에 가입할 수 있습니까?

테오: 민우야, 나 동아리에 가입하려고 하는데 좋은 동아리가 있으면 좀 소개해 줘.

민우: 선배한테서 독서 동아리가 좋다고 들었어. 그래서 나도 가입해 볼까 해.

테오: 독서 동아리에서는 무슨 활동을 하는데?

민우: 일주일에 한 번씩 독서 모임을 한다고 해. 책을 읽고 나서 느낀 점이나 인상적인 부분을 서로 이야기한다고 들었어.

테오: 그래? 재미있겠다. 근데 나는 아직 한국말이 서투른데 그 동아리에 가입할 수 있을까?

민우: 걱정하지 마. 동아리 선배가 우리 학교 학생은 모두 가입할 수 있다고 했어. 다음 주부터 신입 회원을 모집한다고 하니까 같이 가 보자.

테오: 그래. 좋아.

동아리	들은 정보	고민
독서	독서 모임을 하다	한국말이 서투르다
사진	야외에서 사진을 찍다	사진을 잘 못 찍다
영화	영화를 감상하다	한국말을 잘 못하다

부분 part   신입 회원 new member   야외 outdoors   감상하다 to watch

말하기 2 가입하고 싶은 동아리에 대해 이야기해 보세요.

1 동아리 모집 포스터를 보고 가입하고 싶은 동아리와 그 이유를 이야기해 보세요.

2 가입하고 싶은 동아리에 대해 친구와 이야기해 보세요.

- 무슨 동아리에 가입하고 싶어요?
- 저는 사진 동아리에 가입하고 싶어요.
- 사진 동아리에서는 무슨 활동을 하는데요?
- 여행을 가서 멋진 사진을 찍을 수 있다고 해요.
- 저도 사진 동아리에 가입하고 싶어요. 모집 기간이 언제라고 해요?
- 5월 1일부터 5월 4일까지라고 해요.
- 그런데 저는 사진을 잘 못 찍는데 그 동아리에 가입할 수 있을까요?
- 걱정하지 마세요. 동아리 선배한테서 계속 사진을 찍으면 점점 실력이 좋아질 거라고 들었어요.

멋지다 to be cool   마음껏 to one's heart's content   실력 ability/skills

Listening 1-1

준비 오늘은 새 학기 첫날입니다. 친구들과 지금 기분이 어떤지 이야기해 보세요.

새 친구들과 함께 공부할 생각을 하니까 설레어요.

저는 앞으로의 한국 생활이 기대돼요.

듣기 1 다음은 축제에 대한 안내 방송입니다. 잘 듣고 질문에 답해 보세요.

1 축제 포스터를 완성해 보세요.

2 들은 내용으로 맞는 것을 고르세요.

① 축제는 한 달 동안 계속된다.
② 축제 때 대강당에서 유명 가수의 공연이 열린다.
③ 축제 기간에 운동장에서 음식을 사서 먹을 수 있다.

듣기 2 다음은 기숙사 생활에 대한 대화입니다. 잘 듣고 질문에 답해 보세요.

1 다음은 기숙사 생활 안내를 들은 학생의 메모입니다. 알맞은 것을 모두 고르세요.

- ☐ 빨래는 밤 9시 전에 해야 함.
- ☐ 기숙사는 밤 11시에 문을 닫음.
- ☐ 식사는 밤 10시까지 할 수 있음.

2 여자에 대한 설명으로 맞는 것을 고르세요.

① 오늘 기숙사에서 요리를 했다.
② 한국 사람처럼 한국어를 잘한다.
③ 오늘 기숙사 생활 안내를 받지 못했다.

대강당 auditorium   틀림없이 certainly   세탁실 laundry room

듣기 3 다음은 모임에 대한 대화입니다. 잘 듣고 질문에 답해 보세요.

1 어떤 모임에 대해 이야기하고 있습니까?

①  ②  ③

2 남자에 대한 설명으로 맞는 것을 고르세요.

① 이번 주 모임에 갈 것이다.
② 한국 전통 음식에 관심이 많다.
③ 한국 친구를 만나 본 적이 없다.

3 들은 내용을 생각하면서 친구의 질문에 답해 보세요.

💬 **친구들과 이야기해 보세요.**

- 친구들에게 알려 주고 싶은 유학 생활 정보가 있습니까?
- 지금까지 가 본 모임이나 앞으로 가 보고 싶은 모임이 있습니까?

모임에 나가다 to attend a gathering

어휘 Vocabulary 1-2 학교생활

1 학교 행사에 가 본 경험을 이야기해 보세요.

입학 설명회

입학식

신입생 환영회

졸업식

저는 동생 **졸업식**에 참석한 적이 있어요. 기념사진을 찍고 나서 다 같이 맛있는 음식을 먹으러 갔어요.

2 대학 생활에 대해 이야기해 보세요.

대학에서 뭘 **전공하고** 싶어요?

지원해 보고 싶은 학교나 **학과**가 있어요?

개강 모임에 꼭 **참석해야** 할까요?

대학에서 듣고 싶은 **강의**가 있어요?

참가해 보고 싶은 대회가 있어요?

학교에서 **발급받은 학생증**으로 뭘 할 수 있어요?

입학 설명회 admission information session
신입생 환영회 freshman welcoming
학과에 지원하다 to apply to a department
학생증을 발급받다 to be issued a student ID card
강의를 듣다 to attend a lecture

입학식 admission ceremony
졸업식 graduation
경제학을 전공하다 to major in Economics
개강 모임에 참석하다 to attend the beginning of class gathering
체육 대회에 참가하다 to participate in a sports competition

읽기 Reading 1-2

준비 학교생활에서 기억에 남는 일을 이야기해 보세요.

저는 한국어 말하기 대회에 참가한 경험을 잊을 수 없어요. 말하기 대회에 **참가해 보니까** 한국말을 잘하는 친구들이 많았어요. 그래서 저도 더 열심히 **공부해야겠다고** 생각했어요.

읽기 1 다음은 두 사람이 주고받은 문자 메시지입니다. 잘 읽고 질문에 답해 보세요.

입학 설명회에 갔다 왔다고 들었어. **가 보니까** 어땠어?

헨리: 다양한 정보를 얻을 수 있어서 정말 좋았어.

그 학교에 지원할 거야? 경영학을 전공하고 싶다고 했지?

헨리: 응. 그런데 내가 생각한 것보다 준비할 게 많은 것 같아. 앞으로 더 열심히 **공부해야겠어**.

❖ 내용과 일치하면 ○, 일치하지 않으면 ✕ 하세요.

1) 헨리는 경영학 전공에 관심이 있다. (   )
2) 헨리는 앞으로 열심히 공부할 것이다. (   )
3) 헨리는 입학 설명회에 참석하지 못했다. (   )

얻다 to get   경영학 Business Administration

문법과 표현		
동 -어 보니(까)	☞	6쪽
동 -어야겠다	☞	7쪽

1-2. 학교생활 31

읽기 2 다음은 인터넷 게시판에 올라온 글입니다. 잘 읽고 질문에 답해 보세요.

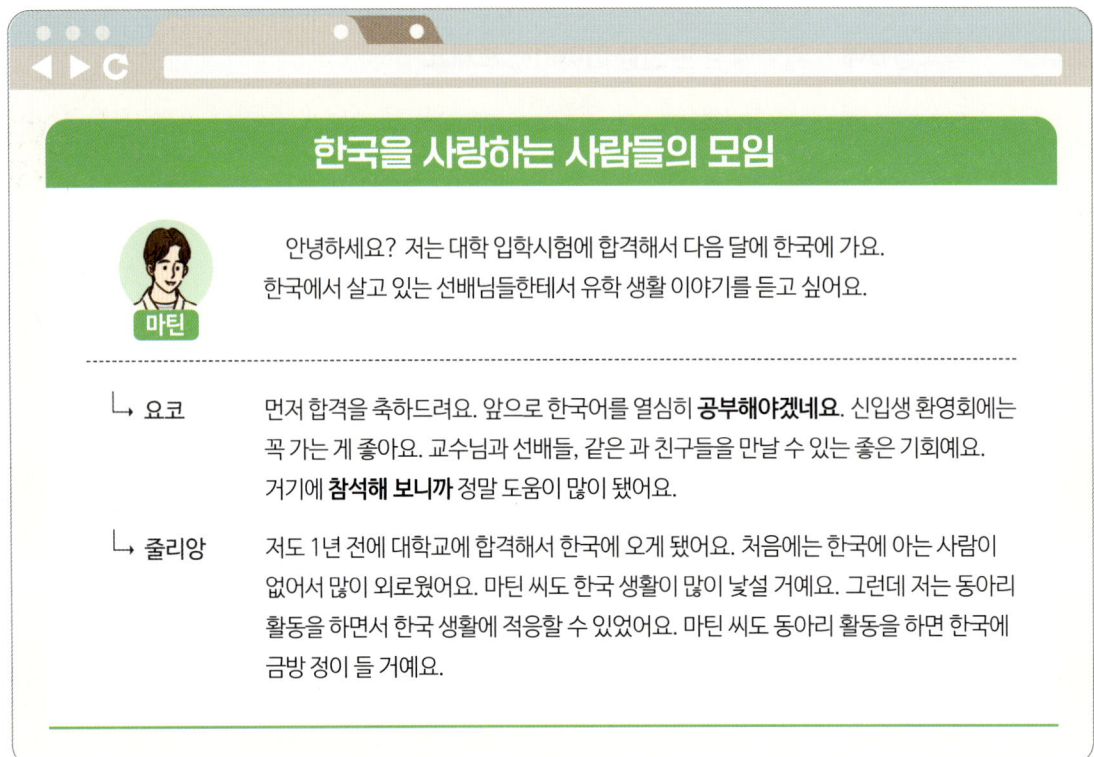

1 이 글의 내용으로 맞는 것을 고르세요.

① 마틴은 한국에서 유학하고 있다고 했다.
② 줄리앙은 지금도 한국 생활이 낯설다고 했다.
③ 요코는 신입생 환영회에 꼭 가는 게 좋다고 했다.

2 이 글을 읽고 알게 된 내용을 써 보세요.

신입생 환영회	신입생 환영회에는 꼭 가는 게 좋다고 한다. 왜냐하면 _____
동아리	동아리 활동을 하면 _____

읽기 3 다음은 친구에게 보낸 편지입니다. 잘 읽고 질문에 답해 보세요.

📩 **선우에게**　　　　　　　　　　　　　　　　　　답장　전달

안녕? 잘 지내고 있지? 한국에 도착하면 바로 연락하겠다고 했는데 벌써 일주일이 지났네. 네가 한국에서 살면 프랑스 음식이 그리울 거라고 했는데 아직은 괜찮아. 한국 음식이 맵다고 들어서 좀 걱정했는데 **먹어 보니까** 생각보다 괜찮았어. 금방 적응할 수 있을 것 같아. 그리고 네 말처럼 지하철을 **타 보니까** 정말 빠르고 편리했어. 프랑스에서 같이 공부할 때 네가 고향 이야기를 자주 해서 한국이 어떤 곳인지 많이 궁금했는데 훨씬 더 재미있는 곳인 것 같아. 얼마 전에 입학식에서 만난 친구한테서 한국에 좋은 곳이 많다고 들었어. 시간이 있으면 여행을 자주 **다녀야겠어**. 아직 서투른 것이 많지만 앞으로의 한국 생활이 정말 기대돼. 내일은 첫 수업이 있는 날인데 긴장이 돼서 잠이 안 오네. 학점을 잘 받으려면 앞으로 열심히 공부해야 할 것 같아. 그럼 또 연락할게.

　　　　　　　　　　　　　　　　　　　　　　　　서울에서 에릭

1 누가 누구에게 쓴 편지입니까?

_____이/가 _____에게 쓴 편지

2 이 편지를 쓴 이유는 무엇입니까?

① 프랑스에 있는 한국 친구에게 부탁을 하려고
② 한국에 있는 프랑스 친구에게 안부를 전하려고
③ 프랑스에 있는 한국 친구에게 소식을 전하려고

3 이 글을 쓴 사람에 대한 내용으로 맞는 것을 고르세요.

① 지금 한국에서 강의를 하고 있다.
② 앞으로의 한국 생활을 기대하고 있다.
③ 한국 음식이 입에 안 맞아서 스트레스를 받고 있다.

💬 한국 생활에 얼마나 만족하고 있는지 표시하고 그 이유를 이야기해 보세요.

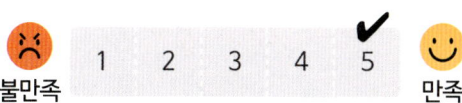

저는 한국 생활에 매우 만족해요. 한국에서 살아 보니까 사람들도 친절하고 음식도 정말 맛있어요.

학점 Grade Point Average (GPA)　　안부 regards　　불만족 dissatisfaction

Writing 쓰기 1-2

준비 대학생이 되면 꼭 해 보고 싶은 일이 있습니까?

- 새로운 동아리 만들기
- 친구 사귀기
- 축제 참가하기
- 엠티 가기

대학생이 되면 같은 과 친구들과 새로운 동아리를 만들어야겠어요.

여러분의 학교생활에 대해 이야기해 보세요.

- 학교에 다니기 전에 학교생활에 대해 어떤 말을 들었습니까?

- 학교에 다녀 보니까 어떻습니까?

- 앞으로 학교에 다니면서 해 보고 싶은 일이 있습니까?

쓰기 고향 친구에게 여러분의 학교생활을 소개하는 편지를 써 보세요.

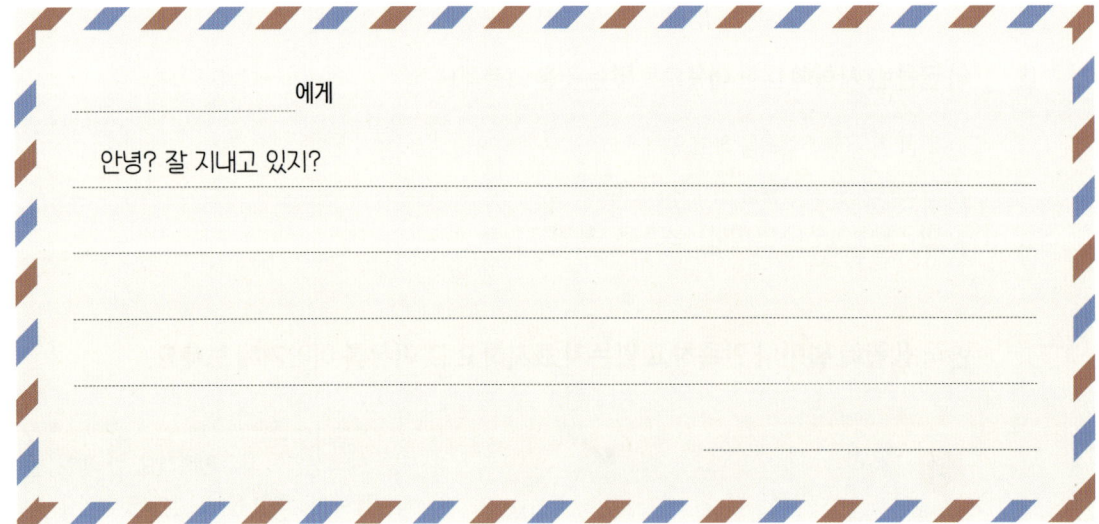

_____에게

안녕? 잘 지내고 있지?

엠티 college retreat

'대학 생활 잘하는 법'에 대해 발표하려고 합니다. 친구들에게 학교생활에 도움이 되는 정보를 물어보세요. 그리고 그 내용을 정리해서 발표해 보세요.

준비 발표하고 싶은 주제를 정하고 그 이유를 말해 보세요.

도서관 이용하기

한국어 시험에 합격하기

한국 친구 사귀기

아르바이트 구하기

발표에서 좋은 점수 받기

장학금 받기

1 질문지를 만들고 친구들을 인터뷰해 보세요.

도서관 이용하기	대답
1. 도서관은 어떻게 이용해요?	학생증을 발급받아야 한다.
2. 도서관은 몇 시부터 몇 시까지 문을 열어요?	
3. 도서관에서 뭘 할 수 있어요?	

- 도서관은 어떻게 이용해요?
- 도서관을 이용하고 싶으면 먼저 학생증을 발급받아야 돼요. 학생증이 있으면 도서관에 들어갈 수 있어요.
- 저도 빨리 학생증을 신청해야겠어요.

2 친구에게 들은 내용을 정리해 보세요.

도서관 이용하기

1. 도서관을 이용하고 싶으면 먼저 학생증을 발급받아야 한다.
2. 도서관은 오전 8시부터 오후 8시까지 문을 연다. 그리고 주말과 공휴일에는 문을 닫는다.
3. 도서관에서는 책을 빌리거나 숙제를 할 수 있다. 그리고 음악을 듣거나 영화를 볼 수도 있다.
4. _____

3 위에서 정리한 내용을 발표해 보세요. 그리고 발표를 가장 잘한 사람을 뽑아 보세요.

도서관을 이용하고 싶으면 먼저 학생증을 발급받아야 한다고 해요. 그리고….

대학생들의 호칭 문화

대학일보

**다양해지는 대학의 호칭 문화,
"저는 '○○ 씨'라고 부르는 게 편하고 좋아요."**

한국에서는 나이가 많은 사람을 부를 때 이름을 부르지 않습니다. 대학에서는 '선배'라는 호칭을 사용하는데 친근한 느낌을 주기 위해서 '형'이나 '오빠', '언니'나 '누나'라고 부르기도 합니다. 그런데 이러한 호칭 문화가 다양해지고 있습니다. 최근 같은 학교 선후배 사이에서 '○○ 씨'라고 부르거나 '○○ 님'이라고 부르는 일이 있다고 합니다. 이들은 서로의 이름을 부르면 선후배 관계가 부드러워지는 것 같아서 편하고 좋다고 말합니다. 하지만 아직 이런 호칭이 불편하다고 느끼는 사람들도 많이 있습니다.

발음 / Pronunciation

독서 동아리가 **좋다고 [조타고]** 들었어.

받침 'ㅎ' 뒤에 자음 'ㄱ, ㄷ, ㅈ'이 오면 [ㅋ, ㅌ, ㅊ]로 발음되고 받침소리 [ㄱ, ㄷ, ㅂ, ㅈ] 뒤에 'ㅎ'이 오면 [ㅋ, ㅌ, ㅍ, ㅊ]로 발음됩니다.

예) 원하는 대학교에 **입학하려면** 어떻게 해야 할까요?
한국에 처음 왔을 때 한국말이 서툴러서 **답답했어요**.

자기 평가 / Self-Check

☐ 들은 내용을 다른 사람에게 전달할 수 있다.
☐ 학교생활을 소개하는 글을 쓸 수 있다.
☐ 학교생활에 대한 정보를 다른 사람에게 소개해 줄 수 있다.

2

날씨와 여행 Weather & Travel

2-1 날씨 정보
2-2 휴가 계획

1 요즘 여러분 고향의 날씨는 어떻습니까?
2 날씨가 좋으면 어디로 여행을 떠나고 싶습니까?

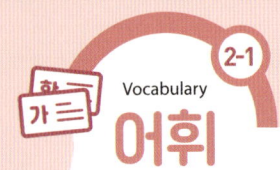

날씨 정보

1 그림을 보고 날씨가 어떤지 이야기해 보세요.

소나기가 내리다 / 눈이 그치다 / 날씨가 개다
태풍이 올라오다 / 천둥이 치다 / 번개가 치다 / 안개가 끼다

2 일기 예보를 보고 오늘 날씨에 대해 이야기해 보세요.

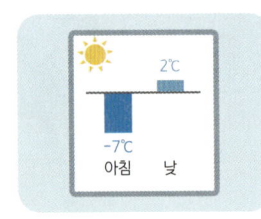

오늘 아침 **최저 기온**은 **영하** 7도, 낮 **최고 기온**은 **영상** 2도라고 합니다.

3 날씨 때문에 생길 수 있는 문제에 대해 이야기해 보세요.

(나무가) 쓰러지다 / (간판이) 떨어지다 / (창문이) 부서지다 / (건물이) 무너지다

소나기가 내리다 sudden shower falls   눈이 그치다 snowing stops   날씨가 개다 weather clears up
태풍이 올라오다 typhoon ascends   천둥이 치다 thunder roars   번개가 치다 lightning strikes
안개가 끼다 to be foggy   최고 기온/최저 기온 highest temperature/lowest temperature
영상/영하 above 0℃/below 0℃   (나무가) 쓰러지다 (tree) to fall down   (간판이) 떨어지다 (sign) to fall
(창문이) 부서지다 (window) to shatter   (건물이) 무너지다 (building) to collapse

준비 1　날씨 정보를 확인하고 날씨에 대해 이야기해 보세요.

> 가: 이번 주 토요일에 서울은 날씨가 **어떻대요**?
> 나: 눈이 **내린대요**. 그리고 최저 기온이 영하 **3도래요**.
> 가: 그래요? 토요일에는 두꺼운 옷을 입어야겠어요.

	금요일	토요일	일요일
서울	흐림	눈	안개
최고 기온/최저 기온	12℃/4℃	5℃/-3℃	10℃/2℃
제주도	맑음	비	구름 많음
최고 기온/최저 기온	16℃/10℃	12℃/8℃	14℃/9℃

준비 2　그림을 보고 친구에게 주말에 무엇을 하면 좋을지 제안해 보세요.

> 가: 주말에 같이 놀이공원에 갈까?
> 나: 주말에 날씨가 **추울 텐데** 박물관에 가는 게 어때?
> 가: 그래. 그게 좋겠다.

1)

2)

3)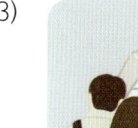

4)

매진 sold out

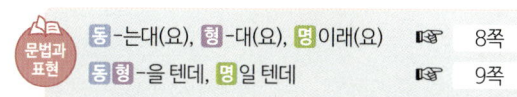

Speaking 말하기 2-1

말하기 1 다음은 주말 계획에 대한 대화입니다. 친구와 주말 계획을 이야기하고 날씨를 확인해 보세요.

1 두 사람은 주말에 어디에 가기로 했습니까?
2 그곳에서 무엇을 할 수 있습니까?
3 그곳의 주말 날씨는 어떻습니까?

안나: 이번 주말에 딸기 축제가 열린대요. 같이 가 볼래요?

하이: 딸기 축제요? 거기에서 뭘 할 수 있는데요?

안나: 딸기를 직접 따 보는 체험을 할 수 있대요. 그리고 딸기로 만든 다양한 음식을 먹어 볼 수도 있대요.

하이: 정말 재미있겠네요. 같이 가요. 제가 주말 날씨를 확인해 볼게요.

안나: 주말에 날씨가 어떻대요?

하이: 흐리고 바람이 많이 분대요.

안나: 그래요? 바람이 불면 좀 추울 텐데 겉옷을 가지고 가야겠네요.

하이: 그게 좋겠어요.

가고 싶은 곳	축제에서 할 수 있는 일	날씨
딸기 축제	딸기를 따는 체험을 하다	흐리고 바람이 불다
눈꽃 축제	눈썰매를 타다	눈이 오다
음악 축제	야외에서 연주를 듣다	소나기가 내리다

딸기를 따다 to pick strawberries   겉옷 outerwear   눈썰매 snow sled

말하기 2 여행 가고 싶은 곳과 그곳의 날씨에 대해 이야기해 보세요.

1 가 보고 싶은 곳에 대해 친구와 이야기해 보세요.

가 보고 싶은 곳	그곳에서 할 수 있는 것	그곳의 날씨
태국 '송끄란 축제'	서로 물을 뿌리면서 신나게 축제를 즐긴다.	무척 덥다.

2 여행 가고 싶은 곳과 그곳의 날씨에 대해 친구와 이야기해 보세요.

- 여행 가 보고 싶은 곳이 있어요?
- 저는 태국 송끄란 축제에 가 보고 싶어요.
- 거기에서 뭘 할 수 있대요?
- 사람들과 서로 물을 뿌리면서 신나게 축제를 즐길 수 있대요.
- 재미있겠네요. 그때 날씨는 어떻대요?
- 무척 덥대요. 최고 기온이 35도까지 올라간대요.
- 날씨가 더우면 여행하기 힘들 텐데요. 시원한 옷을 가지고 가야겠어요.

물을 뿌리다 to spray water   즐기다 to enjoy   무척 extremely

Listening 2-1 듣기

준비 친구들과 고향의 오늘 날씨에 대해 이야기해 보세요.

 제 고향은 오늘 날씨가 맑대요. 오늘 아침 최저 기온은 영하 2도래요. 그리고 낮 최고 기온은 영상 5도까지 올라간대요.

듣기 1 다음은 일기 예보 방송입니다. 잘 듣고 질문에 답해 보세요.

1 오늘 부산의 날씨로 맞는 것을 고르세요.

①  ②  ③

2 사람들은 어떻게 해야 합니까?

- 산이나 바닷가에 있는 사람들은 _____.
- 가능하면 외출을 하지 말고 _____.

듣기 2 다음은 휴가에 대한 대화입니다. 잘 듣고 질문에 답해 보세요.

1 대화가 끝난 후 여자가 이어서 할 행동으로 맞는 것을 고르세요.

① 국내 여행 계획을 세운다.
② 비행기표가 남아 있는지 알아본다.
③ 인터넷으로 여행 가는 곳의 날씨를 확인한다.

2 들은 내용으로 맞는 것을 고르세요.

① 여자는 발리에 가서 요가를 배웠다.
② 여자는 휴가 때 여행 갈 곳을 알아보고 있다.
③ 여자는 비행기표가 없어서 여행을 못 가게 되었다.

전국적 national   영향 influence   심하다 to be severe   피하다 to avoid   가능하다 to be possible   실내 indoors
동창 alumnus/alumna(alum)   발리 Bali   활짝 fully   풍경 scenery   국내 여행 domestic travel

듣기 3 다음은 여행에 대한 대화입니다. 잘 듣고 질문에 답해 보세요.

1 두 사람이 제주도로 여행을 가게 된 이유는 무엇입니까?

① 태풍 때문에 비행기가 결항해서
② 발리로 가는 비행기표가 없어서
③ 제주도에서 특별한 음식을 먹고 싶어서

2 두 사람의 여행 계획을 듣고 써 보세요. 그리고 정리한 내용을 말해 보세요.

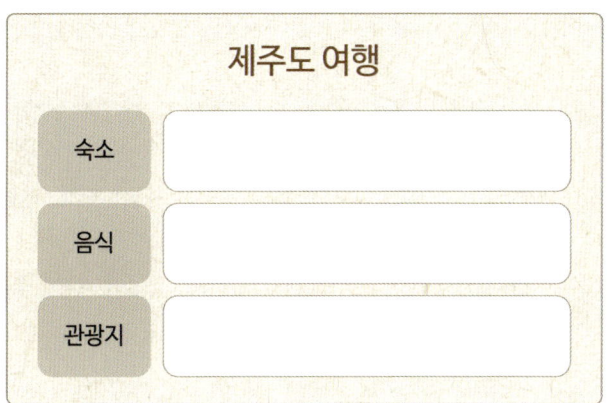

두 사람은 제주도로 여행을 간대요. 그리고….

3 여러분은 제주도에 가 보거나 제주도에 대해 들은 적이 있습니까?

친구들과 이야기해 보세요.

- 날씨 때문에 휴가 계획을 바꾸거나 취소한 적이 있습니까?
- 꼭 가 보고 싶은 여행지가 있습니까? 거기에서 무엇을 하고 싶습니까?

성수기 peak season   펜션 vacation rental   결항하다 to be canceled   고기국수 pork noodle soup   우도 Udo Island
여행지 travel destination

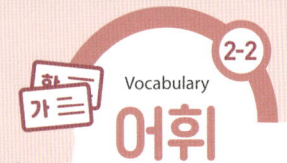

2-2 휴가 계획

1 여행에 대해 이야기해 보세요.

 휴가를 떠나다

 국내 여행

 해외여행

 계획을 변경하다

 패키지여행

 자유 여행

어디로 **휴가를 떠나고** 싶어요?

날씨 때문에 여행 **계획을 변경한** 적이 있어요?

누구와 함께 여행을 하고 싶어요?

2 여행을 가서 무엇을 하고 싶습니까?

 유람선을 타다

 문화를 체험하다

 전시를 관람하다

 그림을 감상하다

저는 **유람선을 타** 보고 싶어요. 배 위에서 보는 풍경이 멋있을 것 같아요.

휴가를 떠나다 to go on a vacation 국내 여행 domestic travel 해외여행 international travel
계획을 변경하다 to change plans 패키지여행 package tour 자유 여행 independent travel
유람선을 타다 to go on a cruise 문화를 체험하다 to experience the culture 전시를 관람하다 to see an exhibition
그림을 감상하다 to admire a painting

읽기 2-2

준비 한국에서 여행하고 싶은 곳에 대해 이야기해 보세요.

> 저는 경주로 여행을 가고 싶어요. 경주는 유적지가 **많기로 유명하다고** 들었어요. 그래서 고향 친구가 놀러 오면 같이 **가자고 할 거예요.**

읽기 1 다음은 인터넷 카페에 올라온 글입니다. 잘 읽고 질문에 답해 보세요.

여행사랑 카페

친구들이 이번 겨울 방학에 여행을 **가자고 했어요.** 아름다운 **경치로 유명한** 곳에 가서 그곳의 문화를 체험해 보고 싶어요. 그런데 바빠서 여행을 준비할 시간이 없어요. 그래서 다른 사람이 추천해 주는 일정을 따라서 여행하고 싶어요. 저에게 딱 맞는 여행지를 추천해 주세요.

1. 이 글을 쓴 이유는 무엇입니까?

2. 잘 읽고 내용과 일치하면 ○, 일치하지 않으면 × 하세요.
   1) 이 사람은 바빠서 여행을 갈 수 없다. ( )
   2) 이 사람은 가족들과 여행을 가려고 한다. ( )
   3) 이 사람은 경치가 좋은 곳에 가서 그곳의 문화를 배워 볼 것이다. ( )

문법과 표현: 명 으로 유명하다, 동 형 -기로 유명하다 ☞ 10쪽
동 -자고 하다 ☞ 11쪽

유적지 historic site 추천하다 to recommend 딱 맞다 to fit perfectly

읽기 2

다음은 오로라 여행에 대한 글입니다. 잘 읽고 질문에 답해 보세요.

자연이 준 선물, 오로라 투어

초록색 카펫이 펼쳐진 밤하늘 아래로 휴가를 떠나는 생각을 해 본 적이 있습니까?
오로라가 **아름답기로 유명한** 옐로나이프에 여러분을 초대합니다.
지금 소중한 사람에게 오로라를 보러 **가자고 해 보세요.**

- **기간:** 4박 5일
- **날씨:** 최고 기온 -15℃, 최저 기온 -29℃
- **준비물:** 따뜻한 옷, 비상약
- **선택 관광:** 오로라 여행은 밤 10시부터 시작됩니다. 오전이나 오후에는 선택 관광을 하실 수 있습니다.

 미술관 관람
 유람선 탑승
 낚시 체험
 썰매 체험

※ 선택 관광을 원하시는 분들은 따로 신청해 주십시오.
※ 눈이 많이 내리거나 날씨가 흐리면 여행 일정이 변경될 수 있습니다.

1 이 글을 쓴 이유는 무엇입니까?

① 여행 예약을 문의하려고
② 여행 상품을 소개하려고
③ 일정 변경을 안내하려고

2 이 글의 내용으로 맞는 것을 고르세요.

① 따뜻한 옷과 비상약을 직접 준비해야 한다.
② 날씨가 좋지 않아도 여행 일정은 바뀌지 않는다.
③ 오후에는 다 같이 미술관을 관람하고 유람선을 타러 간다.

자연 nature   오로라 aurora   카펫 carpet   펼쳐지다 to spread out   옐로나이프 Yellowknife   비상약 first-aid medicine
탑승 boarding   일정 itinerary

읽기 3 다음은 여행지를 소개하는 글입니다. 잘 읽고 질문에 답해 보세요.

짧지만 재미있게, 1박 2일 수원 여행

수원의 날씨는 서울의 날씨와 비슷합니다. 가장 여행하기 좋을 때는 봄이나 가을입니다. 이때의 최고 기온은 23도, 최저 기온은 15도 정도로 따뜻합니다.

수원에서는 **세계문화유산으로 유명한** 화성을 구경할 수 있고 박물관도 관람할 수 있습니다. 그리고 활쏘기, 전통 공예품 만들기 등 여러 가지 문화도 체험해 볼 수 있습니다. **맛있기로 유명한** 갈비도 꼭 먹어 봐야 합니다.

수원은 서울에서 매우 가깝고 교통도 편리합니다. 그래서 여유롭게 여행할 수 있는 자유 여행을 추천해 드립니다. 수원의 다양한 관광지를 짧은 시간 안에 빠르게 둘러보고 싶으면 시티 투어를 이용해 보세요. 패키지여행처럼 편하게 여행할 수 있습니다. 당일 여행도 괜찮지만 한옥 숙소에서 편하게 쉴 수 있는 1박 2일 여행도 좋습니다.

지금 당장 여행을 떠나고 싶으신가요? 가족과 친구에게 수원으로 여행을 **떠나자고** 해 보세요.

1 수원 날씨에 대한 설명으로 맞는 것을 고르세요.

① 7~8월이 가장 여행하기 좋다.
② 서울의 날씨와 크게 다르지 않다.
③ 1년 중 가장 더울 때의 기온은 23도이다.

2 다음은 수원 여행 일정표입니다. 이 글에서 소개한 내용을 모두 고르세요.

첫째 날
① 오전 11시: 수원 화성 둘러보기
② 오후 1시: 수원 갈비 먹기
③ 오후 4시: 전통 공예품 구경하기

 여러분이 가 본 여행지 중에서 추천하고 싶은 곳은 어디입니까? 그 이유는 무엇입니까?

세계문화유산 World Heritage   화성 Hwaseong Fortress   활쏘기 archery   전통 공예품 traditional craft   여유롭다 to be easygoing
둘러보다 to look around   시티 투어 city tour   당일 (여행) same-day (travel)   당장 immediately

준비 이번 휴가를 어디에서 누구와 함께 보내고 싶습니까?

속초는 바다가 아름답기로 유명하대요. 그래서 외국 친구들이 한국에 오면 속초에 가자고 할 거예요.

고향의 유명한 여행지에 대해 이야기해 보세요.

- 그곳의 날씨는 어떻습니까?

- 그곳에서 유명한 것은 무엇입니까?

- 그곳에서 꼭 해 봐야 하는 것이 있습니까?

쓰기 고향의 유명한 여행지를 소개하는 글을 써 보세요.

> 친구들과 휴가를 떠나려고 합니다. 여러 도시의 날씨 정보와 여행 정보에 대해 이야기해 보세요. 그리고 여행 가고 싶은 도시를 정한 후 여행 일정을 짜 보세요.

준비 여행 가고 싶은 곳의 날씨와 여행 정보를 찾아보세요.

활동지 168~169쪽

- 주말에 부산 날씨가 어떻대요?
- 부산은 뭐가 유명하대요?
- 비가 올 거래요. 최고 기온은 16도이고 최저 기온은 9도쯤 된대요.
- 해운대 바다가 아름답기로 유명하대요.

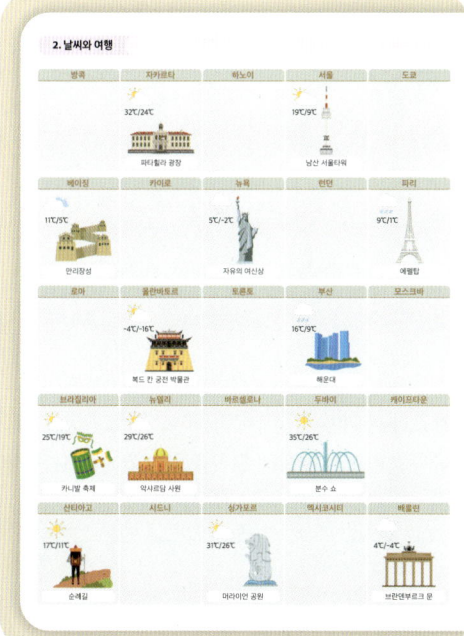

2-2. 휴가 계획

1 여러분은 여행지를 결정할 때 무엇을 중요하게 생각합니까? 친구들과 이야기한 후 가고 싶은 여행지를 정해 보세요.

| 음식 | 비용 | 교통 | 쇼핑 |
| 날씨 | 볼거리 | 거리 | ? |

베이징으로 휴가를 떠나는 게 어때요? 음식도 맛있고 구경할 곳도 많대요.

베이징도 좋지만 부산에 가는 게 어때요? 가까운 곳으로 여행을 가면 비용을 아낄 수 있을 거예요.

2 여행지에서 친구들과 무엇을 하면 좋을지 계획을 세워 보세요.

| 체험 | 음식 | 준비물 | 쇼핑 | ? |

• 거기에서 뭘 할 수 있어요?

• 거기에서 꼭 먹고 싶은 음식이 있어요?

• 거기에 갈 때 꼭 가져가야 하는 것이 있어요?

• 거기에서 꼭 사야 하는 기념품이 있어요?

• _____?

3 이야기한 내용을 정리해서 발표해 보세요.

친구가 베이징으로 휴가를 떠나자고 해서 이번 주말에 베이징에 가기로 했어요. 베이징은 만리장성으로 유명하대요. 그곳을 구경한 후에는 오리 요리를 먹을 거예요. 요즘 베이징은 날씨가 좀 쌀쌀하고 눈이 내린대요. 그래서 따뜻한 옷을 가져가려고 해요.

비용 cost　　볼거리 things to see　　오리 duck　　쌀쌀하다 to be chilly

꽃샘추위

추운 겨울이 지나고 봄이 오면 날씨가 따뜻해집니다. 그런데 봄이 시작되고 꽃이 필 때 날씨가 다시 추워지기도 합니다. 이것을 '꽃샘추위'라고 합니다. 겨울이 봄에 꽃이 피는 것을 샘내서 다시 추워지는 것이라고 사람들이 생각하기 때문입니다. 이 시기에는 추워진 날씨 때문에 겨울옷을 넣어 둔 사람들이 다시 꺼내서 입기도 합니다. 또 아침 기온이 영하 3~5도까지 내려가고 일교차가 크기 때문에 감기에 걸리지 않게 조심해야 합니다.

발음 Pronunciation

겉옷을 [거도슬] 가지고 가야겠네요.

받침소리 [ㄱ, ㄷ, ㅂ] 뒤에 오는 음절의 첫소리가 모음이면, 받침소리가 그 음절의 첫소리로 옮겨 발음됩니다.

예) 오늘이 몇 월 며칠이에요?
　　오늘 먹은 음식이 맛없었어요.

자기 평가 Self-Check

☐ 날씨와 여행에 대한 정보를 다른 사람에게 전달할 수 있다.
☐ 고향의 여행지를 소개하는 글을 쓸 수 있다.
☐ 다른 사람과 휴가 계획에 대해 이야기할 수 있다.

샘내다 to be jealous　　일교차 daily temperature difference

3

인터넷 콘텐츠 Internet Content

3-1 재미있는 콘텐츠
3-2 흥미로운 뉴스

1 즐겨 보는 인터넷 콘텐츠가 있습니까?
2 최근에 인터넷에서 본 뉴스가 있습니까?

재미있는 콘텐츠

1 요즘 사람들이 많이 보는 방송 프로그램이 있습니까? 시청자들의 반응은 어떻습니까?

방송되다   즐겨 보다

  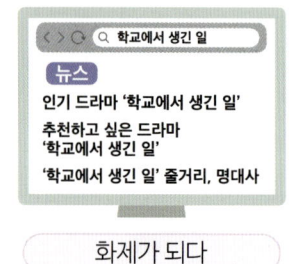

시청률이 높다/낮다   반응이 좋다/나쁘다   화제가 되다

2 그 프로그램에 대해 어떻게 생각합니까?

연기가 뛰어나다   진행을 잘하다

내용이 지루하다   영상이 멋지다   눈길을 끌다

방송되다 to be broadcasted   즐겨 보다 to enjoy watching   시청률이 높다/낮다 viewer ratings are high/low
반응이 좋다/나쁘다 response is good/bad   화제가 되다 to be the talk of the town   연기가 뛰어나다 acting is remarkable
진행을 잘하다 to be good at emceeing   내용이 지루하다 content is boring   영상이 멋지다 video is cool
눈길을 끌다 to grasp one's attention

Speaking 3-1
말하기

준비 1 하고 싶은 일에 대해 친구들과 이야기해 보세요.

> 가: 나나 씨, 집에 가면 뭐 할 거예요?
> 나: 집에 **가자마자** 드라마 '가족'을 볼 거예요. 요즘 그 드라마가 시청률이 높대요.

1) 집에 가면 뭐 할 거예요?

2) 시험이 끝나면 뭐 할 거예요?

3) 졸업하면 뭐 할 거예요?

4) 고향에 돌아가면 뭐 할 거예요?

준비 2 들어서 알게 된 것을 친구에게 전달해 보세요.

> 가: 주말에 뭐 할 거예요?
> 나: 영화 '여름 이야기'를 볼 거예요. 아야나 씨가 이 영화가 재미있으니까 **꼭 보라고 했어요**. 배우들의 연기가 정말 뛰어나대요.

1) 영화 '여름 이야기'가 재미있으니까 꼭 보세요.

2) 요가가 건강에 좋으니까 배우세요.

3) 소설 '꽃샘추위'가 베스트셀러니까 꼭 읽으세요.

4) 집밥이 맛있고 건강에도 좋으니까 직접 만들어서 드세요.

베스트셀러 best seller   집밥 homemade food

문법과 표현	
동-자마자	12쪽
동-으라고 하다, 동-지 말라고 하다	13쪽

Speaking 3-1 말하기

말하기 1 다음은 방송 프로그램에 대한 대화입니다. 즐겨 보는 프로그램의 내용과 특징에 대해 친구와 이야기해 보세요.

1 요즘 남자는 어떤 방송 프로그램을 봅니까?
2 남자는 왜 그 방송을 보게 되었습니까?
3 여자가 드라마를 보는 이유는 무엇입니까?

제 니: 뭘 보고 있어요?

다니엘: 예능 프로그램을 보고 있어요. 친구가 재미있으니까 꼭 보라고 했어요.

제 니: 그래요? 무슨 내용인데요?

다니엘: 사람들이 여행을 가서 그곳의 문화를 체험하는 내용이에요. 유명한 배우가 나와서 화제가 되고 있대요.

제 니: 저도 그 프로그램을 본 적이 있어요. 시청률이 높다고 들었어요.

다니엘: 그렇군요. 제니 씨도 즐겨 보는 프로그램이 있어요?

제 니: 저는 요즘 새로 시작한 드라마 '사랑게임'에 푹 빠져 있어요. 영상이 멋지고 배우들의 연기도 뛰어나요. 다니엘 씨도 시간이 있으면 한번 보세요.

다니엘: 요즘 재미있는 드라마를 보고 싶었는데 잘됐네요. 오늘 집에 가자마자 봐야겠어요.

프로그램	들은 정보	프로그램의 특징
예능 프로그램	여행을 가서 그곳의 문화를 체험하다	유명한 배우가 나오다
정보 프로그램	건강에 도움이 되는 습관을 알려 주다	진행자가 진행을 잘하다
다큐멘터리	숲에 사는 동물을 소개하다	영상이 멋지다

예능 프로그램 variety show   푹 completely into   정보 프로그램 informational program   습관 routine   다큐멘터리 documentary
숲 forest

말하기 2 즐겨 보는 프로그램에 대해 이야기해 보세요.

1 즐겨 보는 프로그램의 내용과 좋아하는 이유를 말해 보세요.

제목	
내용	
좋아하는 이유	

2 즐겨 보는 프로그램을 친구에게 소개해 보세요.

- 요즘 즐겨 보는 프로그램이 있어요?
- 네. 저는 요즘 집에 가자마자 드라마 '사랑하는 사람'을 봐요. 친구가 이 드라마를 꼭 보라고 했어요.
- 왜 그 드라마를 자주 봐요?
- 배우들의 연기가 뛰어나요. 그리고 제가 좋아하는 배우가 나와요.
- 그래요? 무슨 내용인데요?
- 어려운 상황 속에서도 사랑을 지키는 사람들의 이야기예요. 다니엘 씨도 한번 보세요.

상황 circumstance

준비 요즘 화제가 되고 있는 방송 프로그램을 소개해 보세요.

저는 집을 찾아 주는 프로그램을 소개하고 싶어요. 이 프로그램을 보면 집을 구할 때 필요한 정보를 얻을 수 있어요.

듣기 1 다음은 라디오 방송입니다. 잘 듣고 질문에 답해 보세요.

1 이 방송에서 소개하고 있는 프로그램은 무엇입니까?

2 이 프로그램에 대한 설명으로 맞는 것을 고르세요.

① 다음 달부터 방송될 것이다.
② 국내의 아름다운 여행지를 추천해 주는 방송이다.
③ 여행지에서 만난 사람들이 가족처럼 친해지는 내용이다.

듣기 2 다음은 인터넷 영상에 대한 대화입니다. 잘 듣고 질문에 답해 보세요.

1 '먹방'에 대한 남자의 생각으로 맞는 것을 고르세요.

① 음식을 먹는 사람들의 모습을 보는 것은 지루하다.
② 음식을 먹지 않아도 맛을 생각해 볼 수 있어서 좋다.
③ 음식을 먹는 모습을 방송에서 보여 주는 것은 좋지 않다.

2 여자가 즐겨 보는 영상은 무슨 내용입니까?

우연히 by chance   먹방 Mukbang (eating show)   그만두다 to stop   상상하다 to imagine   흥미롭다 to be interesting
조종사 pilot

듣기 3 다음은 방송 프로그램에 대한 대화입니다. 잘 듣고 질문에 답해 보세요.

1 이 프로그램에 대한 설명으로 맞는 것을 고르세요.

① 방송을 보는 시청자의 의견을 듣고 있다.
② 새로 방송되는 프로그램을 소개하고 있다.
③ 시청률이 높은 방송 프로그램을 알려 주고 있다.

2 '정글 탐험'에 대한 여자의 생각으로 맞는 것을 고르세요.

① "방송에서 아이들을 더 많이 보여 주세요."
② "조금 더 색다른 내용을 보여 줬으면 좋겠어요."
③ "출연자들이 즐겁고 안전하게 촬영했으면 좋겠어요."

3 '정글 탐험'에 나온 내용으로 맞는 것을 고르세요.

①    ②    ③

친구들과 이야기해 보세요.

- 지금까지 본 방송 프로그램 중에서 가장 기억에 남는 것은 무엇입니까?
- 인터넷으로 영상을 보면서 불편하거나 아쉽다고 생각한 적이 있습니까?

시청자 audience   정글 탐험 jungle exploration   색다르다 to be different   의견 opinion   틀다 to turn on   출연자 cast
커다랗다 to be huge   악어 crocodile/alligator   장면 scene   안전하다 to be safe

어휘 Vocabulary 3-2 흥미로운 뉴스

1 뉴스나 신문에서 알게 된 소식 중에 기억에 남는 것이 있습니까?

뉴스에 나오다

신문에 실리다

몇 년 전 **뉴스**에 강아지 로봇이 **나왔어요**.
그 로봇을 보고 정말 **신기하다고** 생각했어요.

놀라다

신기하다

흥미를 느끼다

감동을 주다/받다

2 다음과 같은 소식을 들었을 때 여러분은 어떤 말을 합니까?

그럴 리가 없어요.

오늘의 뉴스
- 배우 민준과 소윤 결혼
- 대학생 우주로 여행 떠나
- 미래에 북극곰 사라질 수도

그럴 수 있어요.

틀림없어요.

말도 안 돼요.

믿어지지 않아요.

뉴스에 나오다 to appear on the news   신문에 실리다 to publish in the newspaper   놀라다 to be surprised
신기하다 to be amazed   흥미를 느끼다 to feel interest in
감동을 주다/받다 to move one's heart/be moved   그럴 리가 없다 it cannot be   그럴 수 있다 it can be
틀림없다 to be certain   말도 안 되다 to be absurd   믿어지지 않다 to be unbelievable

읽기 3-2

준비 인터넷 뉴스의 제목을 보고 친구들과 이야기해 보세요.

- 종이 신문은 정말 없어질까?
- 김치맛 아이스크림이 있다?
- 명동에 나타난 코끼리
- 전국에 독감 유행 중

저는 인터넷 신문보다 종이 신문 보는 것을 좋아해요. 그래서 종이 신문이 **없어질까 봐** 걱정이에요.

친구가 한국에 김치맛 아이스크림이 **있느냐고 물어봐서** 못 먹어 봤다고 말해 줬어요.

읽기 1 다음은 인터넷 기사의 댓글입니다. 잘 읽고 질문에 답해 보세요.

한국 영화 '태풍' 국제 영화제에서 감독상 수상

영화 '태풍'이 국제 영화제에서 감독상을 받아 화제가 되고 있습니다….

↳ 민지 제가 좋아하는 감독이 처음으로 상을 받게 돼서 기뻐요. 좋은 영화가 많아서 상을 **못 탈까 봐** 걱정했는데 지금도 수상했다는 게 믿어지지 않네요. 수상자가 결정되자마자 해외 신문에 김준호 감독의 인터뷰 기사가 실려서 신기했어요.

↳ 서준 친구가 이 영화를 꼭 보라고 해서 지난주에 봤어요. 영화를 보고 나서 틀림없이 상을 받을 거라고 생각했어요. 친구들이 영화 '태풍'이 **어땠느냐고 물어보면** 지금까지 본 영화 중에서 제일 인상적이었다고 말해 줄 거예요.

❖ 잘 읽고 내용과 일치하면 ○, 일치하지 않으면 ✕ 하세요.

1) 영화 '태풍'의 감독은 전에도 상을 받은 적이 있다.   (   )
2) 영화 '태풍'에 나오는 배우가 영화제에서 상을 받았다.   (   )
3) 영화 '태풍'의 감독에 대한 기사가 해외 신문에 실렸다.   (   )

| 문법과 표현 | 동 -느냐고 하다/묻다, 형 -으냐고 하다/묻다, 명 이냐고 하다/묻다 | 14~15쪽 |
| | 동 형 -을까 봐(서) | 16쪽 |

나타나다 to appear   감독 director   수상하다 to be awarded   결정되다 to be determined   기사가 실리다 article is published

읽기 2 다음은 사람들의 뉴스 이용에 대한 기사입니다. 잘 읽고 질문에 답해 보세요.

나라신문

　　20~50대 회사원 천 명에게 신문, 텔레비전, 인터넷 중에서 어느 것을 이용해서 뉴스를 **보느냐고 물었다.** 68%의 사람들이 인터넷으로 뉴스를 본다고 대답했다. 최근 스마트폰을 사용하는 사람들이 많아지면서 인터넷으로 뉴스를 보는 사람들도 많아지고 있다.

　　인터넷으로 뉴스를 본다고 대답한 사람들에게 왜 인터넷으로 뉴스를 **보느냐고 물었다.** '중요한 뉴스를 **놓칠까 봐서**'(50%)가 1위였고, '편하고 빠르게 뉴스를 볼 수 있어서'(25%)라는 대답이 2위였다. 이 외에도 '댓글로 다른 사람들과 생각을 주고받을 수 있어서'와 '종이 신문보다 인터넷 뉴스가 보기 편해서'라는 대답이 있었다.

인터넷으로 뉴스를 보는 이유

- 중요한 뉴스를 놓칠까 봐서: 50%
- 편하고 빠르게 뉴스를 볼 수 있어서: 25%
- 댓글로 생각을 주고받을 수 있어서: 15%
- 기타: 10%

1　이 기사의 제목으로 알맞은 것을 고르세요.

① 신문을 읽지 않는 사람들
② 높아지는 인터넷 뉴스의 인기
③ 사라지는 신문과 텔레비전 뉴스

2　다음 중 맞는 것을 고르세요.

① 온라인으로 뉴스를 보는 사람이 많아지면 종이 신문이 없어질 것이다.
② 사람들이 스마트폰을 사용하기 시작하면서 인터넷 뉴스의 인기가 높아졌다.
③ 왜 인터넷 뉴스를 보느냐는 질문에 50%의 사람들이 '보기 편해서'라고 대답했다.

3　여러분은 신문, 텔레비전, 인터넷 중 어느 것으로 뉴스를 봅니까?

사라지다 to disappear

읽기 3 다음은 사람을 구한 동물에 대한 기사입니다. 잘 읽고 질문에 답해 보세요.

불이 난 집에서 강아지가 자고 있는 주인 구해

6월 7일 새벽 4시쯤 호주에 사는 마이클 씨는 자신이 키우는 강아지 소리에 잠에서 깼다. 강아지 토토가 그의 곁에서 쉬지 않고 짖고 있었다. 그가 일어났을 때 이미 집 안은 연기로 가득했다.

그는 불이 난 것을 보자마자 토토를 데리고 창문으로 나갔다. 그리고 소방서에 전화해서 빨리 와 달라고 부탁했다. 몇 분 후 소방차가 도착했고 다행히 불은 금방 꺼졌다. 소방관들은 조금만 신고를 늦게 했으면 큰불이 났을 거라고 말했다.

이번 화재로 마이클 씨는 다리를 크게 다쳐서 병원에 입원했다. 그는 구급차를 타고 병원에 갈 때에도 강아지가 **다쳤을까 봐** 걱정했다고 한다. 토토는 그가 퇴원할 때까지 이웃집에서 돌봐 주기로 했다.

이웃 주민들은 강아지가 어떻게 그럴 수 **있느냐고 하면서** 주인을 구한 토토를 칭찬하고 있다. 주인을 구한 강아지의 이야기는 뉴스에도 여러 번 방송되면서 사람들에게 큰 감동을 주고 있다.

1 기사를 읽고 다음 질문에 답하세요.

① 그 일이 누구한테 일어났어요? ➡
② 그 일이 언제, 어디에서 일어났어요? ➡
③ 무슨 일이 있었어요? ➡
④ 그 후 어떻게 되었어요? ➡

2 다음 중 맞는 것을 고르세요.

① 강아지는 이번 화재로 다리를 크게 다쳤다.
② 마이클 씨는 집에 불이 나서 이웃집에서 지내고 있다.
③ 주인을 구한 강아지의 이야기가 사람들에게 큰 감동을 주고 있다.

💬 **최근에 읽은 재미있는 기사를 친구들에게 소개해 보세요.**

깨다 to awake 곁 by one's side 짖다 to bark 연기 smoke 가득하다 to be full 소방서 fire station 소방차 fire truck
꺼지다 to extinguish 신고하다 to report 화재 fire 입원하다 to be hospitalized 구급차 ambulance
퇴원하다 to be discharged from the hospital 이웃집 neighbor

Writing 쓰기 3-2

준비 뉴스나 신문을 보고 놀라거나 감동을 받은 적이 있습니까?

대학생이 선로에 떨어진 승객 구해
어제저녁 7시, 지하철 2호선 서울대입구역에서 선로에 사람이 떨어지는 사고가 났다. 이 사고로….

지하철에서 사람을 구한 대학생이 신문에 실렸어요. 그 학생을 만나면 어떻게 그런 행동을 할 수 있었느냐고 물어보고 싶어요.

최근에 들은 고향의 뉴스 중에 기억에 남는 것이 있습니까?

- 그 일이 누구한테 일어났어요?

- 그 일이 언제, 어디에서 일어났어요?

- 무슨 일이 있었어요?

- 그 후 어떻게 되었어요?

쓰기 기억에 남는 고향의 뉴스를 전달하는 글을 써 보세요.

선로 track   승객 passenger

과제

🗨️ **친구들과 만들고 싶은 영상에 대한 계획을 세우고 발표해 보세요.**

준비 인터넷으로 즐겨 보는 영상이 있습니까? 무슨 내용입니까?

> 운동   여행   먹방   뮤직비디오   ?

1 친구들과 만들고 싶은 영상에 대해 이야기한 후 내용을 정리해 보세요.

채널 이름	홈 트레이닝 배우기
영상 주제	집에서 쉽게 할 수 있는 운동 방법 소개하기

내용

▶ 누가 이 영상을 보면 좋겠어요?
  운동 시간이 부족한 학생이나 직장인

▶ 어떤 영상을 만들고 싶어요?
  ☐ 영상이 멋지다   ☑ 구독자가 많다   ☑ 도움이 되다
  ☐ 감동을 주다   ☐ 화제가 되다   ☑ 반응이 좋다
  ☐ 인상적이다   ☐ 뉴스에 나오다   ☐ _____

▶ 영상에 무슨 내용을 넣고 싶어요?
  • 스포츠 센터에 가지 않고 집에서 운동을 할 수 있는 방법
  • 다치지 않고 운동을 하는 방법
  • 쉽고 재미있게 따라 할 수 있는 운동

▶ 기타
  • 일주일에 한 번 영상을 올린다.
  • 구독자가 많아지면 다양한 이벤트를 한다.

홈 트레이닝 home workout   부족하다 to lack   구독자 subscriber   이벤트 event

채널 이름

영상 주제

내용

▸ 누가 이 영상을 보면 좋겠어요?

▸ 어떤 영상을 만들고 싶어요?
- ☐ 영상이 멋지다
- ☐ 구독자가 많다
- ☐ 도움이 되다
- ☐ 감동을 주다
- ☐ 화제가 되다
- ☐ 반응이 좋다
- ☐ 인상적이다
- ☐ 뉴스에 나오다
- ☐ _____

▸ 영상에 무슨 내용을 넣고 싶어요?

▸ 기타

2 만들고 싶은 영상에 대해 발표해 보세요.

3 발표를 듣고 가장 인기가 많을 것 같은 영상을 뽑아 보세요.

유명한 케이팝 영상

최근에 세계적으로 많이 사용되는 앱이나 웹 사이트에 다양한 영상이 올라오고 있습니다. 이런 영상 중에는 한국 문화에 대한 것들이 있는데 그중에서도 케이팝(K-pop) 영상이 아주 유명합니다. 특히 아이돌 그룹의 영상은 인터넷에서 조회 수가 매우 높습니다. 아이돌 그룹의 영상에는 멋진 춤과 노래가 나오는데 영상을 본 사람들은 그들의 팬이 됩니다. 그렇게 팬이 된 사람들은 한국어를 배우거나 한국에 유학을 오기도 합니다. 케이팝의 인기가 높아지면서 한국 문화를 경험하고 배우는 사람들도 점점 늘고 있습니다.

발음 Pronunciation

시청률[시청뉼]이 높다고 들었어요.

'ㄹ'은 받침 'ㅁ, ㅇ' 뒤에서 [ㄴ]으로 발음됩니다.

예) 운동이 끝나자마자 음료수를 마셨어요.
언어교육원에 가려면 어느 정류장에서 내려야 돼요?

자기 평가 Self-Check

☐ 즐겨 보는 프로그램을 다른 사람에게 추천할 수 있다.
☐ 고향의 뉴스를 전달하는 글을 쓸 수 있다.
☐ 만들고 싶은 영상의 내용을 구성해서 발표할 수 있다.

조회 수 views

4

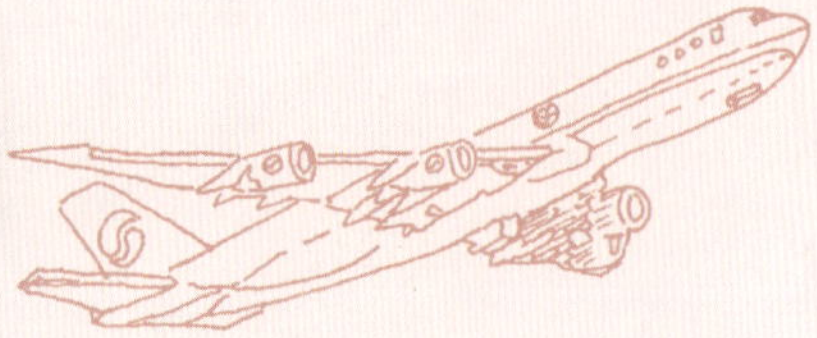

약속과 만남 Plans & Meetups

4-1 약속
4-2 모임 장소

1. 최근에 친구와 무슨 약속을 했습니까?
2. 친구와 주로 어디에서 만납니까?

Vocabulary 4-1 약속

1 다음을 보고 장소가 어떤지 이야기해 보세요.

한산하다

붐비다

가득하다

텅 비다

2 약속과 모임에 대해 이야기해 보세요.

- 모임 **장소를 정할 때** 중요하게 생각하는 것이 있습니까?
- 모임이 **연기되**거나 **취소된** 적이 있습니까?
- 최근에 **일정을 미룬** 적이 있습니까?
- **약속을** 잘 **지키는** 편입니까?
- **약속 시간을 어긴** 적이 있습니까?
- 최근에 무슨 **약속을 잡았습니까**?

한산하다 to be uncrowded	붐비다 to be crowded	가득하다 to be full
텅 비다 to be empty	장소를 정하다 to decide on a place	약속을 지키다 to keep one's promise
시간을 어기다 to not be on time	모임이 연기되다 gathering is postponed	계획이 취소되다 plan is canceled
약속을 잡다 to make plans	일정을 미루다 to postpone an appointment	

Speaking 4-1 말하기

준비 1 다음 상황을 보고 이야기해 보세요.

> 가: 에릭 씨, 이번 주말에 약속이 있어요?
> 나: 아니요. **아무 약속도** 없는데요.
> 가: 그럼 저하고 같이 영화 보러 가요.

1)
- 이번 주말에 약속이 있어요?
- 주말에 뭘 하면 좋을까? 한가한데….

2)
- 아침을 먹었어요?
- 아, 배고파. 늦게 일어나서 밥을 못 먹었네.

3)
- 방학 때 어디에 갔다 왔어요?
- 방학인데 놀지도 못하고 아르바이트만 했네.

4)
- 아직도 도서관에 사람이 많아요?
- 문 닫을 시간이라서 도서관에 사람이 없네.

준비 2 친구들과 약속을 정해 보세요.

> 가: 일기 예보에서 이번 주말에 비가 온대요. 등산을 갈 수 있을까요?
> 나: 등산은 안 되겠네요. 커피숍에서 같이 **차나** 한잔할까요?
> 가: 네. 그게 좋겠어요.

1)

2)

3)

4)

문법과 표현
- 아무 명 도 ☞ 17쪽
- 명 이나 ☞ 18쪽

말하기 1 다음은 주말 약속에 대한 대화입니다. 약속 시간과 장소에 대해 친구와 이야기해 보세요.

1. 두 사람은 언제 만나기로 했습니까?
2. 주말에 강남역 근처는 어떻다고 합니까?
3. 두 사람은 어디에서 만나기로 했습니까?

나나: 에릭 씨, 이번 주 토요일에 시간이 있어요? 같이 차나 한잔할까요?

에릭: 네. 좋아요. 그날은 아무 약속도 없어요.

나나: 제 고향 친구가 프랑스어를 전공하고 있는데 저한테 에릭 씨를 소개해 달라고 했어요. 토요일에 그 친구도 부를까요?

에릭: 좋아요. 저도 새로운 친구를 만나고 싶었어요.

나나: 잘됐네요. 그럼 우리 언제 만날까요? 에릭 씨가 편한 시간으로 정해요.

에릭: 토요일 1시쯤 만나는 게 어때요? 장소는 강남역이 좋겠지요?

나나: 저도 1시가 좋아요. 그런데 강남역 근처는 주말에 사람이 많아서 좀 붐빌 텐데요. 그러지 말고 학교 근처에서 만나요.

에릭: 그게 좋겠네요. 학교 앞에 새로 생긴 카페가 좋다고 들었는데 거기서 봐요.

주말 일정	하고 싶은 일	약속 장소
약속이 없다	새로운 친구를 만나고 싶다	학교 근처
계획이 없다	프랑스어를 가르쳐 보고 싶다	가까운 공원
일이 없다	중국어를 배워 보고 싶다	우리 동네

친구를 부르다 to ask a friend to come out

말하기 2 어디에서 무엇을 하면 좋을지 친구와 약속을 정해 보세요.

1 다음 주에 할 일을 일정표에 써넣으세요.

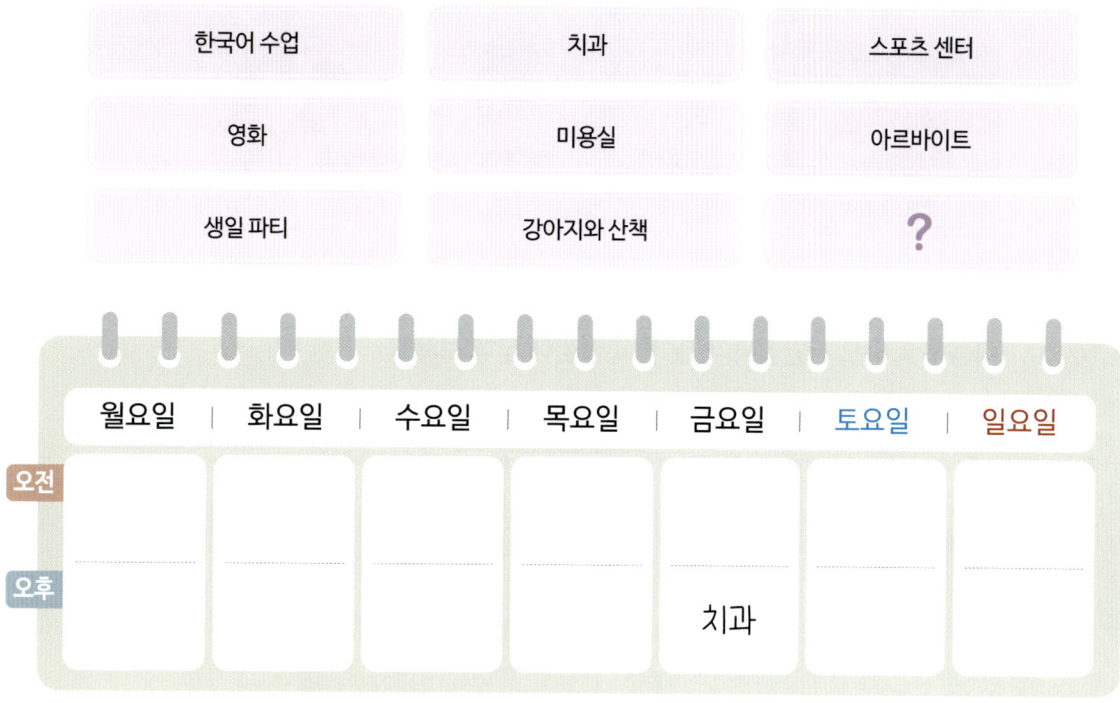

2 친구와 약속을 정해 보세요.

준비 친구를 만나서 어디에 가고 싶습니까?

듣기 1 다음은 라디오 사연입니다. 잘 듣고 질문에 답해 보세요.

❖ 들은 내용과 일치하면 ○, 일치하지 않으면 ✕ 하세요.

1) 이 사람은 일주일 전에 한국에 왔다. (   )
2) 이 사람은 친구의 말을 잘못 이해한 적이 있다. (   )
3) 이 사람은 요즘 바빠서 친구들과 약속을 잡지 못했다. (   )

듣기 2 다음은 두 사람의 대화입니다. 잘 듣고 질문에 답해 보세요.

1 남자가 전화한 이유는 무엇입니까?

2 들은 내용으로 맞는 것을 고르세요.

① 여자는 이미 약속 장소에 도착해 있었다.
② 두 사람은 다음 주 화요일에 만나서 점심을 먹을 것이다.
③ 내일은 미술관이 쉬는 날이라서 화요일에 만나기로 했다.

휴관 closure

듣기 3 다음은 호텔 예약에 대한 대화입니다. 잘 듣고 질문에 답해 보세요.

1 남자는 왜 예약을 바꾸려고 합니까?

2 남자가 새로 예약한 방으로 알맞은 것을 고르세요.

①  ②  ③

3 들은 내용과 같은 것을 고르세요.

① 남자는 제주도를 여행한 적이 있다.
② 셔틀버스를 타는 시간은 정해져 있다.
③ 남자는 여자에게 문자로 예약 내용을 보낼 것이다.

💬 **친구들과 이야기해 보세요.**

- 친구들이 약속을 잘 지키는 편입니까?
- 호텔이나 비행기 예약을 취소하거나 변경해 본 적이 있습니까?

2인용 two-person   매시간 every hour   정각 sharp   정해지다 to be determined

4-2 Vocabulary 어휘 — 모임 장소

❖ 다음을 보고 가고 싶은 식당에 대해서 이야기해 보세요.

메뉴
김밥 3,000원, 떡볶이 5,000원,
김치볶음밥 6,000원, 새우볶음밥 6,000원,
순두부찌개 6,000원, 김치찌개 6,000원,
된장찌개 6,000원

한식사랑 ♥♥♥♥♡ 일주일 전
└ 음식이 **입에 맞아서** 자주 갑니다. 가게가 **평범하지만** **아늑하고 편안한** 느낌이 들어서 좋습니다.

 저는 김밥세상에 가고 싶어요. 가격이 **저렴하고** 메뉴가 **다양해서** 마음에 들어요.

메뉴
갈비구이 25,000원, 불고기 정식 15,000원,
비빔밥 12,000원, 생선구이 정식 13,000원,
냉면 9,000원

고기좋아 ♥♥♥♥♥ 일주일 전
└ 결혼기념일에 다녀왔는데 메뉴가 **다양하고** 재료가 **신선해서** 좋았습니다. 음식도 **훌륭했습니다**. 꼭 다시 방문하고 싶습니다.

 저는 한국집에 가고 싶어요. 가격이 좀 비싸지만 **깔끔하고** 실내 장식이 **특이해서** 마음에 들어요.

입에 맞다 to be palatable	평범하다 to be ordinary	아늑하다 to be cozy	편안하다 to be comfortable
저렴하다 to be cheap	다양하다 to be various	신선하다 to be fresh	훌륭하다 to be excellent
깔끔하다 to be clean	특이하다 to be unique		

준비 자주 가는 장소에 대해 말해 보세요.

저는 친구들과 집 근처 식당에 자주 가요. 그 식당은 음식이 깔끔하고 맛있어요. 그리고 식당 벽에 그림이 **걸려** 있는데 정말 멋져요.

읽기 1 다음은 인터넷 게시판에 올라온 글입니다. 잘 읽고 질문에 답해 보세요.

아늑하고 편안한 식당을 추천해 주세요.

에릭

이번 주 토요일이 친구 생일이라서 깜짝 파티를 열어 주고 싶어요. 그래서 식당을 예약하려고 하는데 좋은 식당이 있으면 추천해 주세요. 식당이 예쁘게 장식되어 있었으면 좋겠어요. 그리고 파티에 올 사람이 많으니까 식당 중앙에 큰 테이블이 **놓여** 있었으면 해요. 친구가 바다를 좋아하니까 식당에서 바다가 **보였으면** 좋겠어요. 일기 예보에서 주말에 날씨가 좋다고 했으니까 야외에서 식사할 수 있는 식당이면 더 좋을 것 같아요.

❖ 잘 읽고 내용과 일치하면 ○, 일치하지 않으면 ✕ 하세요.

1) 이 사람은 바다가 보이는 식당을 예약하고 있다. (   )
2) 이 사람은 친구의 생일 파티를 해 주려고 식당을 알아보고 있다. (   )
3) 이 사람은 자신이 가 본 식당을 다른 사람에게 추천해 주고 있다. (   )

문법과 표현 피동(-이/히/리/기-) ☞ 19쪽

장식되다 to be decorated   중앙 center

읽기 2 다음은 사진 스튜디오 광고입니다. 잘 읽고 질문에 답해 보세요.

아무도 없는 곳에서 편안하게 촬영하고 싶으십니까? 지금 바로 가나스튜디오로 오세요.
조용하고 깔끔한 장소에서 사진을 찍으실 수 있습니다.
여러분이 직접 사진사가 되어 인물 사진, 패션 사진, 상품 사진을 찍어 보세요.

- 이용 시간은 한 시간입니다. 시간을 꼭 지켜 주시기 바랍니다.
- 스튜디오에 **걸려** 있는 의상 중에서 마음에 드는 옷을 입고 촬영하실 수 있습니다.
- 카메라가 필요하신 분은 미리 말씀해 주세요. 카메라를 대여해 드립니다. (한 시간에 2만 원)

1 가나스튜디오의 모습을 [보기]와 같이 설명해 보세요.

> [질문] 가나스튜디오에서 사진을 찍어 보신 분이 계신가요? 스튜디오가 어떤지 자세히 설명해 주세요.

↳ [보기] 스튜디오 가운데에 큰 나무가 **놓여** 있어요.
↳ _____.
↳ _____.
↳ _____.

2 가나스튜디오에 대한 설명으로 맞는 것을 고르세요.

① 촬영할 때 입을 옷은 직접 준비해 와야 한다.
② 비용을 더 내면 하루 종일 장소를 대여할 수 있다.
③ 미리 말하면 카메라를 빌려서 사진을 찍을 수 있다.

스튜디오 studio   사진사 photographer   인물 portrait   의상 costume   대여하다 to rent

읽기 3 다음은 식당을 소개하는 글입니다. 잘 읽고 질문에 답해 보세요.

식당 '숲속'에 다녀왔어요

안녕하세요? 오늘은 주말에 가족들과 다녀온 식당 '숲속'을 소개해 드릴게요. 이 식당은 분위기가 정말 좋아요. 특히 창밖으로 숲이 **보이는** 게 참 마음에 들었어요. 그리고 아이들을 위한 메뉴도 다양하고 편안한 소파도 **놓여** 있어요. 가격이 저렴한 편은 아니지만 신선한 재료로 만든 음식을 맛볼 수 있어서 정말 좋았어요. 음료만 주문해도 된다고 하니까 다음에는 친구들과 차를 마시면서 시간을 보내고 싶어요. 그런데 그 근처에는 지하철역이나 버스 정류장이 없어요. 그래서 자동차를 타고 가거나 택시를 타지 않으면 가기가 힘들어요. 그리고 식당 주변에는 볼거리가 아무것도 없어서 좀 아쉬웠어요. 하지만 도시에서는 쉽게 볼 수 없는 특별한 식당을 찾고 있는 분들에게 추천하고 싶어요.

위치	★☆☆☆☆
맛	★★★★★
가격	★★☆☆☆
분위기	★★★★★
서비스	★★★★☆

1 이 글을 쓴 이유는 무엇입니까?

① 식당이 어땠는지 알려 주기 위해
② 새로 생긴 식당을 광고하기 위해
③ 식당에 가는 방법을 설명하기 위해

2 이 식당에 대한 내용으로 맞는 것을 고르세요.

① 저렴한 가격에 다양한 음식을 즐길 수 있다.
② 교통이 불편해서 자동차나 택시를 이용해야 한다.
③ 식당 주변에 볼거리가 많아서 아이들과 함께 가기 좋다.

최근에 방문한 장소에 대해 이야기해 보세요.

맛보다 to taste

Writing 쓰기 4-2

준비 친구들과 자주 가는 장소가 있습니까?

저는 친구들과 학교 근처에 있는 카페에 자주 가요.
그곳은 메뉴가 다양하고 아늑해서 좋아요.

추천하고 싶은 식당이나 카페에 대해 이야기해 보세요.

- 추천하고 싶은 식당이나 카페가 있습니까?

- 그곳에서는 무엇을 팝니까?

- 그곳의 분위기는 어떻습니까?

- 그곳에 왜 자주 갑니까?

쓰기 인터넷 게시판에 식당이나 카페를 추천하는 글을 써 보세요.

친구들과 모임을 하려고 합니다. 모임 장소를 정하고 계획을 세워 보세요.

준비 다음 모임 장소를 보고 마음에 드는 곳과 그 이유를 이야기해 보세요.

과제

1 2~3명이 한 팀이 되어 어떤 모임을 할지 정해 보세요.

모임	☐ 생일 파티 ☐ 송별회 ☐ 개강/종강 파티 ☐ 집들이 ☐ _____
일시	
모임에서 할 일	
모임 준비	준비물
	옷차림
	음식
	회비
모임 장소	

2 모임에 대한 정보를 정리해서 발표해 보세요.

> 우리는 이번 주말에 나나 씨 생일 파티를 할 거예요. 도시의 야경이 보이는 장소를 빌려서 그곳을 멋지게 장식할 거예요. 케이크와 음식도 준비할 거예요. 그리고….

3 친구들의 발표를 듣고 가장 가고 싶은 모임을 정해 보세요.

종강 last day lecture   옷차림 attire

한국의 다양한 카페

©연합뉴스

한국인 한 명이 1년 동안 마시는 커피는 300잔 정도이고, 새로 문을 여는 카페도 매년 늘고 있다고 합니다. 그동안 카페는 모임 장소나 공부 장소로 오랫동안 사람들의 사랑을 받았습니다. 그런데 최근 카페가 달라지고 있습니다. 카페가 다양한 문화생활을 즐길 수 있는 곳으로 바뀌고 있습니다. 보드게임을 할 수 있는 카페나 편하게 누워서 만화책을 읽을 수 있는 카페가 인기를 끌고 있습니다. 또 마음을 편안하게 해 주는 심리 상담 카페에도 사람들이 많이 갑니다. 멀리 나가지 않아도 집 근처나 회사 근처 카페에서 문화생활을 즐길 수 있기 때문에 앞으로도 카페의 인기는 계속될 것으로 보입니다.

발음 Pronunciation

강남역 [강남녁] 근처는 주말에 사람이 많아서 좀 붐빌 텐데요.

'ㄴ, ㅁ, ㅇ' 받침 뒤에 오는 음절이 '이, 야, 여, 요, 유, 얘, 예'로 시작할 때 그 사이에 [ㄴ]을 넣어서 발음합니다.

예) 이번 방학에 친구들과 배낭여행을 가기로 했어요.
아까부터 웃고 있네요. 무슨 좋은 일이 생겼어요?

자기 평가 Self-Check

☐ 약속 장소와 시간을 정할 수 있다.
☐ 모임 장소를 평가할 수 있다.
☐ 약속 장소를 추천하는 글을 쓸 수 있다.

심리 psychology

5

음식과 조리법 Food & Recipes

5-1 좋아하는 음식

5-2 조리법

1 좋아하는 한국 음식이 있습니까?
2 만들 수 있는 음식이 있습니까?

좋아하는 음식

1 음식의 맛에 대해 이야기해 보세요.

| 고소하다 | 매콤하다 | 싱겁다 | 느끼하다 |

 저는 떡볶이처럼 **매콤한** 음식을 좋아해요.

2 음식의 식감에 대해 이야기해 보세요.

쫄깃하다   연하다   질기다   바삭하다

 떡은 **쫄깃해서** 맛있어요.

3 다음에 대해 이야기해 보세요.

입이 심심할 때 생각나는 음식이 있어요?

출출할 때 자주 먹는 음식이 있어요?

저는 **입이 심심할 때** 과자를 먹어요.

저는 **출출할 때**….

고소하다 to be toasty/nutty	매콤하다 to be spicy	싱겁다 to be bland	느끼하다 to be oily
쫄깃하다 to be chewy	연하다 to be tender	질기다 to be tough	바삭하다 to be crispy
입이 심심하다 to have the snacking urge	출출하다 to be slightly hungry		

말하기 Speaking 5-1

준비 1 친구와 만날 약속을 정해 보세요.

> 가: 우리 같이 점심을 먹을까요?
> 나: 네. 좋아요. 뭘 먹을까요?
> 가: 저는 **무엇이나** 다 괜찮아요.

1) 점심 — 뭘 먹을까요?
2) 산책 — 어디로 갈까요?
3) 운동 — 몇 시에 만날까요?
4) 영화 — 무슨 영화를 볼까요?

준비 2 경험한 후 달라진 생각에 대해 이야기해 보세요.

> 가: 명동에 가 보니까 어때요?
> 나: 거리가 그렇게 **한산할 줄 몰랐어요**. 주말이라서 사람이 **많을 줄 알았어요**.

1) 명동에 가다

2) 소개팅을 하다

3) 궁중떡볶이를 먹다

4) 새로 나온 책을 읽다

문법과 표현
- 누구나, 언제나, 어디나, 무엇이나 ☞ 20쪽
- 동/형 -을 줄 모르다 ☞ 21~22쪽

궁중떡볶이 royal court rice cakes

말하기 1
다음은 음식에 대한 대화입니다. 먹고 싶은 음식과 장소에 대해 친구와 이야기해 보세요.

1. 두 사람은 영화를 보기 전에 무엇을 하려고 합니까?
2. 남자는 무슨 음식을 먹고 싶어 합니까?
3. 두 사람은 이 음식이 어떻다고 생각합니까?

민우: 점심을 일찍 먹어서 그런지 좀 출출한 것 같아요.

제니: 그럼 우리 영화 보기 전에 뭘 좀 먹을까요? 마침 저도 배가 고팠어요.

민우: 네. 좋아요. 어디로 갈까요?

제니: 어, 저기 튀김 가게가 있네요. 새우튀김이 크고 바삭해 보이는데 저기로 갈까요?

민우: 제가 점심때 튀김을 먹어서요. 그 옆에 국수를 파는 곳이 있네요. 저걸 먹는 게 어때요? 따뜻한 음식이 먹고 싶어요.

제니: 그래요. 저는 간단하게 먹을 수 있는 곳이면 어디나 다 괜찮아요.

…

민우: 국물이 정말 시원하네요.

제니: 손님이 별로 없어서 기대를 안 했는데 이렇게 맛있을 줄 몰랐어요.

먹고 싶은 음식	장소	맛
따뜻한 국수	간단하게 먹을 수 있는 곳	국물이 시원하다
매콤한 떡볶이	음식이 빨리 나오는 곳	떡이 쫄깃하고 맛있다
소화가 잘되는 죽	기다리지 않아도 되는 곳	죽이 담백하고 고소하다

튀김 fried food　　새우 shrimp　　간단하다 to be simple　　국물이 시원하다 broth hits the spot　　기대를 하다 to anticipate
담백하다 to be light/clean

말하기 2 고향에서 자주 먹는 간식에 대해 친구들과 이야기해 보세요.

1 고향에서 자주 먹는 간식이 있어요?

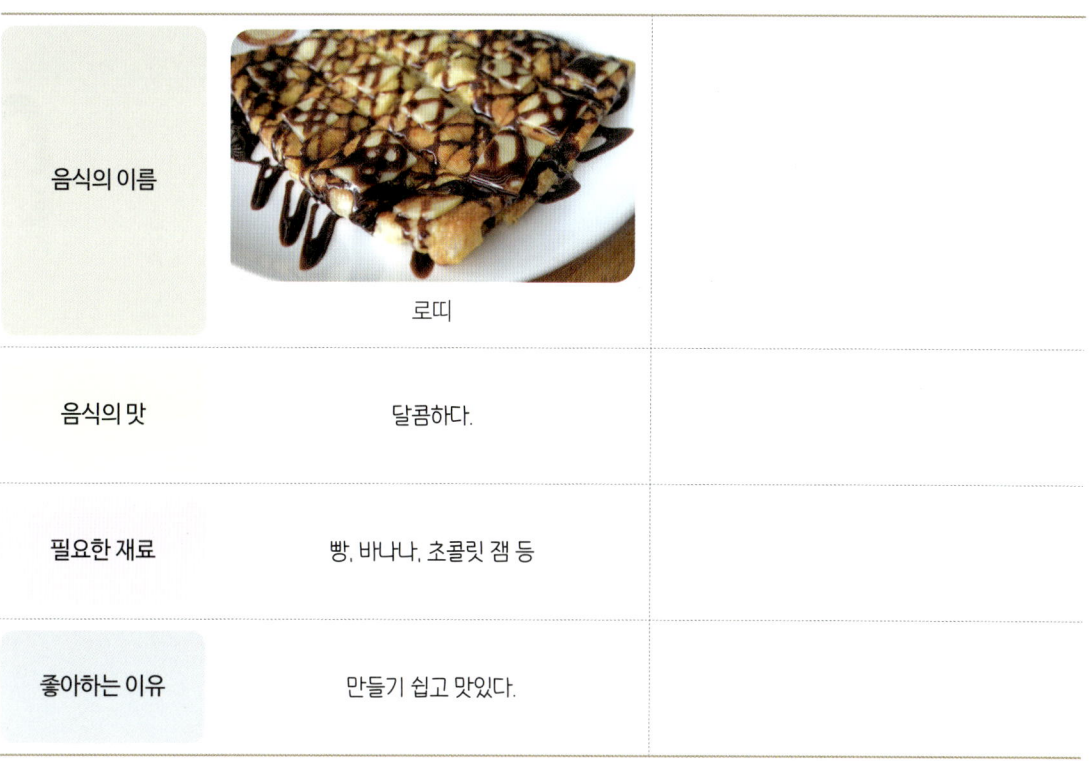

음식의 이름	로띠
음식의 맛	달콤하다.
필요한 재료	빵, 바나나, 초콜릿 잼 등
좋아하는 이유	만들기 쉽고 맛있다.

2 자주 먹는 간식에 대해 이야기해 보세요.

- 아침을 일찍 먹어서 좀 출출한 것 같아요.
- 마침 저도 입이 좀 심심했는데 같이 간식을 먹을까요?
- 네. 저는 간식은 무엇이나 다 좋아해요.
- 같이 로띠를 만들어 먹을까요?
- 로띠가 뭐예요?
- 빵에 바나나와 초콜릿 잼을 올려서 먹는 음식이에요.
- …
- 로띠가 이렇게 맛있을 줄 몰랐어요.
- 만들기 쉽고 맛있어서 우리 고향 사람들이 즐겨 먹어요.

달콤하다 to be sweet   잼 jam

Listening 5-1 듣기

준비 좋아하는 한국 음식과 그 음식을 좋아하는 이유에 대해 이야기해 보세요.

저는 양념치킨을 좋아해요. 양념치킨은 프라이드치킨처럼 느끼하지 않고 매콤해서 자주 시켜 먹어요.

듣기 1 다음은 음식 광고입니다. 잘 듣고 질문에 답해 보세요.

1 이 음식은 무엇입니까?

2 이 음식의 특징으로 맞는 것을 고르세요.

① 고소하고 달다.
② 연하고 부드럽다.
③ 속은 쫄깃하고 겉은 바삭하다.

듣기 2 다음은 한국 음식에 대한 대화입니다. 잘 듣고 질문에 답해 보세요.

1 두 사람은 어떤 음식에 대해 이야기하고 있습니까?

① 맵지 않고 담백한 한국 음식
② 고기가 들어가지 않은 한국 음식
③ 누구나 쉽게 만들 수 있는 한국 음식

2 들은 내용으로 맞는 것을 고르세요.

① 해물파전은 파가 들어가서 조금 맵다.
② 여자는 해물파전을 먹어 본 적이 없다.
③ 새로 온 직원은 한국 음식을 좋아한다.

양념치킨 seasoned chicken   프라이드치킨 fried chicken   식사를 거르다 to skip a meal   굶다 to starve   꿀 honey
간편하다 to be convenient   해물파전 seafood green onion pancake   밀가루 flour   해물 seafood   파 green onion
오징어 squid   군침이 돌다 to be salivating

듣기 3 다음은 주문한 음식에 대한 대화입니다. 잘 듣고 질문에 답해 보세요.

1 두 사람이 식당에 간 이유로 알맞은 것을 고르세요.

① 유명한 장소라고 들어서
② 맵지 않은 음식을 먹을 수 있어서
③ 여러 가지 요리를 맛볼 수 있어서

2 두 사람이 주문한 음식은 무엇입니까?

① 계란김밥 / 떡볶이   ② 김치김밥 / 치즈김밥   ③ 계란김밥 / 불고기김밥

3 들은 내용과 일치하는 것을 고르세요.

① 여자는 블로그를 보고 이 식당을 알게 되었다.
② 여자는 룸메이트에게 줄 음식을 포장해서 가려고 한다.
③ 여자는 식당 음식이 입에 안 맞을까 봐 일부러 아침을 먹고 왔다.

💬 **친구들과 이야기해 보세요.**

- 지금 가장 먹고 싶은 고향 음식은 무엇입니까?
- 맛있는 음식을 먹기 위해 멀리 가거나 오랫동안 기다린 적이 있습니까?

하도 so   일부러 deliberately

조리법

❖ 좋아하는 음식과 그 음식을 만드는 방법에 대해 이야기해 보세요.

다듬다	 썰다	 다지다
 섞다	 젓다	 볶다
 찌다	 튀기다	 삶다
 부치다	 굽다	 끓이다

저는 해물파전을 좋아해요. 만들기 쉬워서 자주 **부쳐** 먹어요.

다듬다 to trim   썰다 to chop   다지다 to mince   섞다 to mix   젓다 to stir   볶다 to stir-fry
찌다 to steam   튀기다 to deep-fry   삶다 to boil   부치다 to fry   굽다 to grill   끓이다 to heat

준비 만들 수 있는 음식이 있습니까? 그 음식의 요리 방법을 이야기해 보세요.

저는 오믈렛을 만들 수 있어요. 먼저 채소나 고기를 작게 썰어요. 재료를 미리 **준비해야** 요리하기가 **편하거든요**. 그다음에 달걀과 함께 섞어서 부치면 돼요.

읽기 1 다음은 집들이 음식을 추천하는 글입니다. 잘 읽고 질문에 답해 보세요.

질문 이번 주말에 집들이를 하는데 외국인 친구가 오기로 했어요. **맵지 않아야** 그 친구가 먹을 수 있을 텐데요. 무슨 음식을 준비하는 게 좋을까요?

↳ 궁중떡볶이를 만드는 게 어때요? 궁중떡볶이는 고추장 대신 간장을 넣어서 만드는 떡볶이라서 **맵지 않거든요**. 고기와 떡에 간장 양념을 넣고 볶기만 하면 돼요. 한번 만들어 보세요.

❖ 잘 읽고 내용과 일치하면 ○, 일치하지 않으면 ✕ 하세요.

1) 궁중떡볶이에는 고기와 떡이 들어간다. (   )
2) 궁중떡볶이는 고추장을 넣어서 만든다. (   )
3) 집들이에 올 외국 친구는 매운 음식을 좋아한다. (   )

| 문법과 표현 | 동형-어야, 명이어야 | ☞ 23쪽 |
| 동형-거든(요), 명이거든(요) | ☞ 24쪽 |

오믈렛 omelet   달걀 egg   대신 instead of   간장 soy sauce   양념 seasoning

읽기 2 다음은 불고기 만드는 방법에 대한 글입니다. 잘 읽고 질문에 답해 보세요.

불고기 만들기

재료
소고기 600g, 양파 1개, 파 30g, 버섯 20g,
간장, 후추, 설탕, 다진 마늘, 참기름

만드는 방법

1) 채소와 고기를 먹기 좋은 크기로 썰어 놓는다. 고기는 연한 부분을 사용하는 것이 좋다.
2) 간장에 후추, 설탕, 다진 마늘, 참기름을 넣고 섞어서 양념장을 만든다.
3) 양념장에 고기를 넣어 30분 정도 재운다. 고기를 **재워야** 더 연하고 맛있어진다.
4) 뜨거워진 프라이팬에 고기와 준비한 야채를 넣고 볶는다.
5) 완성된 불고기를 접시에 담는다.

 요리 비법 양념장에 설탕 대신에 과일을 갈아서 넣어 보세요. 과일을 넣으면 더 **맛있거든요**.

1 이 글을 잘 이해한 사람은 누구입니까?

① 미호: 고기는 질기지 않은 부분을 사용해야 좋아요.
② 민정: 먼저 고기만 넣고 볶다가 양념장을 넣어야 맛있어요.
③ 윤우: 프라이팬이 뜨거워지기 전에 고기와 야채를 넣어야 해요.

2 그림을 보고 불고기 만드는 순서에 맞게 번호를 쓰세요.

(   )   (   )   (   )   (   )

양파 onion   버섯 mushroom   후추 pepper   양념장 marinade   재우다 to marinate   프라이팬 fry pan
완성되다 to be completed   비법 secret   갈다 to grind

읽기 3 다음은 고향 음식을 소개하는 글입니다. 잘 읽고 질문에 답해 보세요.

언제나 그리운 내 고향 음식, 쌀국수

제가 가장 먹고 싶은 고향 음식은 쌀국수예요. 한국에도 베트남 쌀국수를 파는 곳이 많이 있지만 고향에서 먹는 쌀국수가 언제나 그리워요. 베트남 사람들은 누구나 쌀국수를 좋아해요. 간편하게 먹을 수 있고 맛도 **좋거든요**.

오늘은 여러분에게 쌀국수 만드는 법을 소개해 드릴게요. 쌀국수를 만들려면 소고기, 쌀국수, 양파, 파, 고추 등이 필요해요. 소고기 대신 닭고기를 사용해도 돼요.

재료 준비가 끝나면 먼저 냄비에 물을 붓고 고기와 양파, 파를 넣고 끓여요. 그다음에 국수를 삶아요. 삶은 국수는 찬물에 **씻어야** 면이 쫄깃해져요. 마지막으로 미리 삶아 놓은 쌀국수에 국물을 붓고 썰어 놓은 고기를 올려요. 여기에 숙주나 양파, 고수를 넣으면 더 맛있어요.

조리법만 이야기했는데 벌써 입에 군침이 도는 것 같네요. 오늘 저녁에 직접 만든 쌀국수를 드셔 보는 건 어떠세요?

1 이 글의 내용으로 맞는 것을 고르세요.

① 한국에는 쌀국수를 파는 곳이 없다.
② 쌀국수를 만들려면 소고기나 닭고기가 필요하다.
③ 이 사람은 쌀국수를 만들기 위한 조리법을 찾고 있다.

2 다음은 쌀국수 재료와 만드는 방법을 정리한 것입니다. 알맞은 내용을 써 보세요.

베트남 쌀국수 만들기

재료	소고기,
만드는 방법	1. 냄비에 물을 붓고 고기와 양파, 파를 넣고 끓인다.
	2. _____ .
	3. _____ .
	4. _____ .

친구들과 만들어 먹고 싶은 고향 음식이 있습니까?

쌀국수 pho   고추 chili pepper   냄비 pot   붓다 to pour   찬물 cold water   숙주 bean sprouts
고수 cilantro (coriander)   조리법 recipe

Writing 쓰기 5-2

준비 여러분 고향에서 자주 먹는 음식은 무엇입니까? 그 음식을 왜 자주 먹습니까?

멕시코에서는 타코를 자주 먹어요. 타코는 토르티야에 여러 가지 재료를 넣어 먹는 음식이에요. 언제 어디에서나 간편하게 먹을 수 있어서 인기가 좋아요.

고향의 유명한 음식에 대해 이야기해 보세요.

- 그 음식의 이름은 무엇입니까?

- 그 음식이 유명한 이유는 무엇입니까?

- 그 음식은 어떻게 만듭니까?

쓰기 고향의 음식을 만드는 방법에 대해 써 보세요.

타코 taco   토르티야 tortilla

식단을 조절해야 하는 사람을 위한 조리법을 소개해 보세요.

준비 못 먹는 음식이 있거나 특별한 식사를 해야 하는 사람을 알고 있습니까?

| 밀가루를 못 먹는 사람 | 유제품을 못 먹는 사람 | 다이어트를 하고 있는 사람 | 근육 운동을 하고 있는 사람 |

| 기운이 없는 사람 | 채식주의자 | ? |

1 누구를 위해 무슨 요리를 만들고 싶은지 이야기해 보세요.

저는 밀가루를 못 먹는 친구를 위해서 밀가루 대신 쌀가루로 빵을 만들어 보고 싶어요.

저는 다이어트를 하고 있는 언니를 위해서 두부로 만든 파스타를 만들어 보고 싶어요.

식단을 조절하다 to watch one's diet   유제품 dairy product   다이어트를 하다 to go on a diet   근육 운동 muscle exercise
채식주의자 vegetarian   쌀가루 rice flour   두부 tofu

2 만들고 싶은 요리의 조리법을 정리해 보세요.

대상	☐ 밀가루를 못 먹는 사람 ☐ 유제품을 못 먹는 사람 ☐ 다이어트를 하고 있는 사람 ☐ 근육 운동을 하고 있는 사람 ☐ 채식주의자 ☐ _____
요리 이름	
필요한 재료	
조리법	

3 만들고 싶은 요리와 조리법을 발표해 보세요.

저는 맛있는 다이어트 음식을 만들어 보려고 해요. 두부를 사용해서 누구나 좋아하는 토마토 파스타를 만들 거예요. 먼저….

문화 Culture

국과 찌개

한국에는 된장국, 된장찌개처럼 국물이 있는 음식이 많습니다. 같은 재료를 사용하는 음식인데 왜 어떤 것은 '국'이라고 하고, 어떤 것은 '찌개'라고 할까요? '국'이나 '찌개'는 국물과 재료의 양에 따라서 부르는 말이 달라집니다. 그래서 같은 재료가 들어간 음식도 국물이 많으면 '국'이라고 하고, 국물이 적고 재료가 많으면 '찌개'라고 합니다. 날씨가 추운 날 따뜻한 국물이 생각날 때 먹는 음식은 바로 '국'입니다. 고기나 해물, 김치, 두부와 같은 재료를 더 맛있게 먹기 위해 끓인 것은 '찌개'입니다.

발음 Pronunciation

이렇게 **맛있을 줄 [마시쓸쭐]** 몰랐어요.

'-(으)ㄹ' 뒤에 연결되는 자음 'ㄱ, ㄷ, ㅂ, ㅅ, ㅈ'은 주로 [ㄲ, ㄸ, ㅃ, ㅆ, ㅉ]로 발음됩니다.

> 예 내일 부산에 갈 거예요.
> 오늘 만날 수 있어요?

자기 평가 Self-Check

- ☐ 음식의 맛에 대해 평가할 수 있다.
- ☐ 고향의 요리를 소개하는 글을 쓸 수 있다.
- ☐ 만들고 싶은 요리와 조리법에 대해 발표할 수 있다.

6

여가 생활 Leisure Life

6-1 함께 하는 운동

6-2 색다른 취미

1   자주 하는 운동이 있습니까?
2   시간이 있을 때 무엇을 합니까?

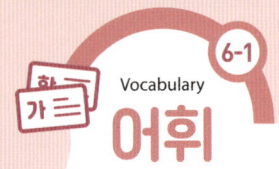

함께 하는 운동

❖ 자주 하는 스트레칭 동작이 있습니까?

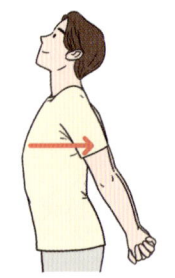
가슴을 펴다

다리를 벌리다

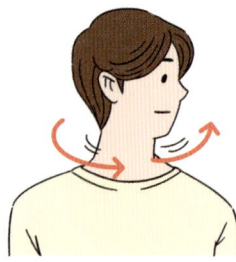
목을 돌리다

몸을 젖히다

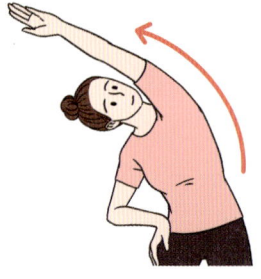
옆구리를 굽히다

손을 모으다

손을 허리에 대다

발뒤꿈치를 들다

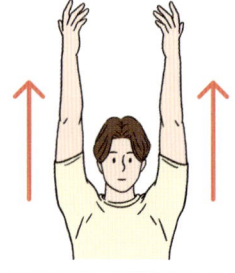
팔을 뻗다

저는 오래 앉아 있어서 피곤할 때 **목을 돌리고 가슴을 펴는** 동작을 자주 해요.

가슴을 펴다 to straighten one's chest	다리를 벌리다 to spread one's legs	목을 돌리다 to rotate one's neck
몸을 젖히다 to lean back	옆구리를 굽히다 to bend sideways	손을 모으다 to gather one's hands
손을 허리에 대다 to stand arms akimbo	발뒤꿈치를 들다 to lift one's heels	팔을 뻗다 to stretch one's arms out

Speaking 6-1 말하기

준비 1 어떤 상황인지 추측해서 이야기해 보세요.

> 가: 하이 씨가 일찍 퇴근하네요.
> 나: 요즘 퇴근 후에 요가를 **배우나 봐요**.
> 가: 저도 요가를 배워 보고 싶은데 하이 씨한테 한번 물어봐야겠어요.

1) 일찍 퇴근하다
2) 전화를 안 받다
3) 건강해 보이다
4) 출근을 안 하다

준비 2 친구의 고민을 듣고 조언해 보세요.

> 가: 요즘 허리가 자주 아파요.
> 나: 그럼 스트레칭을 해 보세요. 옆구리를 **굽혔다가** 펴면 좀 괜찮아질 거예요.

1) 허리가 아프다
2) 운동 중에 목을 삐다
3) 사무실 공기가 안 좋다
4) 휴대폰이 잘 안되다

문법과 표현
동 -나 보다, 형 -은가 보다, 명 인가 보다 ☞ 25~26쪽
동 -었다가 ☞ 27쪽

삐다 to sprain

말하기 1 다음은 스트레칭 동작에 대한 대화입니다. 스트레칭 동작에 대해 친구와 이야기해 보세요.

1 남자는 왜 운동을 하려고 합니까?
2 어떻게 해야 운동 효과를 볼 수 있습니까?
3 어떤 동작들이 허리 건강에 도움이 됩니까?

강사: 이 운동을 처음 배우시나 봐요.

엥흐: 네. 허리가 아파서 운동을 좀 배워 보려고요. 오늘 새로 등록했어요.

강사: 잘하셨어요. 허리가 아플 때는 우선 뭉친 근육을 잘 풀어 주셔야 해요. 스트레칭을 충분히 하셔야 효과가 있어요.

엥흐: 그렇군요. 허리 건강에 도움이 되는 동작을 좀 가르쳐 주세요.

강사: 네. 지금부터 저를 따라 해 보세요. 먼저 다리를 약간 벌리고 서세요. 그다음에 팔을 위로 쭉 뻗고 옆구리를 굽혔다가 펴세요. 마지막으로 양손을 허리에 대고 허리를 크게 한 바퀴 돌리세요.

엥흐: 이렇게 하면 되나요?

강사: 네. 잘하셨어요. 그 동작을 여러 번 반복하시면 좋아요.

엥흐: 감사합니다. 동작이 배우기 쉽고 간단하네요.

아픈 곳	도움이 되는 동작
허리	① 다리를 약간 벌리고 서다 ② 팔을 위로 쭉 뻗고 옆구리를 굽히다/펴다 ③ 손을 허리에 대고 허리를 크게 한 바퀴 돌리다
어깨	① 다리를 약간 벌리고 서다 ② 팔을 뒤로 뻗어서 손을 잡고 올리다/내리다 ③ 손을 어깨에 대고 어깨를 크게 한 바퀴 돌리다
목	① 고개를 뒤로 젖히다 ② 고개를 앞으로 숙이다/들다 ③ 머리를 크게 한 바퀴 돌리다

동작 motion   뭉치다 to have a knot   근육을 풀다 to relieve muscle tension   충분히 sufficiently   효과가 있다 to be effective
양손 both hands   한 바퀴 one rotation   반복하다 to repeat   숙이다 to bow

말하기 2 자주 하는 운동에 대해 이야기해 보세요.

1. 자주 하는 운동과 그 운동 방법을 정리해 보세요.

자주 하는 운동	
운동 방법	먼저 그다음에 마지막으로

2. 자주 하는 운동과 그 운동 방법을 소개해 보세요.

- 요즘 운동을 열심히 하나 봐요. 전보다 더 건강해 보여요.
- 그래요? 자기 전에 매일 요가를 하고 있어요.
- 요가를 해 보니까 어때요?
- 뭉친 근육을 풀 수 있어서 좋아요. 저는 요가를 하고 나서 잠도 잘 오고 몸도 가벼워졌어요.
- 저도 요즘 목과 어깨가 안 좋은데요. 혹시 목 근육을 풀 수 있는 방법을 아세요?
- 먼저 고개를 숙이세요. 그다음에 고개를 뒤로 젖혔다가 드세요. 마지막으로 목을 크게 한 바퀴 돌리면 돼요.

몸이 가볍다 body feels light

준비 그림을 보고 동작을 설명해 보세요.

 왼팔을 오른쪽으로 쭉 뻗으세요. 그다음에 오른팔을 굽혀서 왼팔을 눌러 주세요.

듣기 1 다음은 라디오 방송입니다. 잘 듣고 질문에 답해 보세요.

1 무엇에 대해 설명하고 있습니까?

2 진행자의 설명과 일치하는 그림을 고르세요.

① 　② 　③

멈추다 to stop　　발바닥 sole　　눈을 감다 to close one's eyes　　숨 breath　　깊다 to be deep　　뱉다 to exhale
바른 자세 correct posture　　긴장이 풀리다 tension eases

듣기 2 다음은 응원 동작에 대한 대화입니다. 잘 듣고 질문에 답해 보세요.

1 여자에 대한 설명으로 맞는 것을 고르세요.

① 동아리 공연을 준비하고 있다.
② 동아리에 가입하기 위해 준비하고 있다.
③ 남자와 함께 새로운 응원 동작을 만들고 있다.

2 남자가 설명한 응원 동작을 순서에 맞게 번호를 써 보세요.

(　　) 　　(　　) 　　(　　)

듣기 3 다음은 수영에 대한 대화입니다. 잘 듣고 질문에 답해 보세요.

1 여자에 대한 설명으로 맞는 것을 고르세요.

① 수영 동작을 가르치고 있다.
② 수영을 배운 지 오래되었다.
③ 지난 시간에 발차기 동작을 배웠다.

2 다음 중 여자가 오늘 배우고 있는 동작으로 알맞은 것을 고르세요.

①  ②  ③

3 들은 내용으로 맞는 것을 고르세요.

① 여자는 지난 시간보다 실력이 좋아졌다.
② 남자는 매일 발차기 연습을 열심히 했다.
③ 수영을 배울 때 어려운 동작을 먼저 배우는 게 좋다.

💬 **친구들과 이야기해 보세요.**

• 배워 보고 싶은 운동이 있습니까?
• 여러분의 고향에서 요즘 인기 있는 운동은 무엇입니까?

몸치 bad dancer　　반대쪽 opposite side　　음악에 맞추다 to follow the music　　응원 동작 cheerleading motion　　상태 condition
발차기 kick　　재능이 있다 to have talent

색다른 취미

1 다음과 같은 사람을 알고 있습니까?

재능이 있다/없다

솜씨가 뛰어나다

손재주가 있다/없다

피아니스트 조유진 씨는 어렸을 때부터 피아노에 **재능이 있었대요**. 그래서 다른 사람들보다 피아노를 빨리 배웠다고 해요.

2 좋아하는 취미 활동이 있습니까?

색칠하다

나무를 깎다

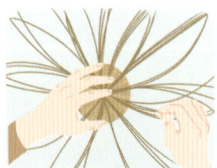
공예를 배우다

악기를 연주하다

바느질하다

3 악기 연주 방법에 대해 이야기해 보세요.

입으로 불다

줄을 튕기다

건반을 누르다

재능이 있다/없다 to have talent/no talent
손재주가 있다/없다 to be dexterous/not be dexterous
공예를 배우다 to learn crafts
입으로 불다 to blow with one's mouth
솜씨가 뛰어나다 skills are extraordinary
색칠하다 to color
악기를 연주하다 to play an instrument
줄을 튕기다 to pluck strings
나무를 깎다 to carve wood
바느질하다 to sew
건반을 누르다 to press keys

읽기 6-2

준비 올해 꼭 도전해 보고 싶은 취미 활동이 있습니까?

- 우쿨렐레 배우기
- 가죽 공예 배우기
- 명화 색칠하기
- ?

저는 올해 우쿨렐레를 **배울 계획이에요**. 기타와 연주 방법이 비슷해서 기타를 칠 줄 아는 사람은 쉽게 배울 수 있나 봐요. 인터넷 동영상을 보고 혼자 따라 **할 만하대요**.

읽기 1 다음은 직장인의 여가 생활에 대한 조사 결과입니다. 잘 읽고 질문에 답해 보세요.

여가 시간에 무엇을 할 생각입니까?

- 동영상 시청 32%
- 인터넷 검색 23%
- 게임 18%
- 음악 감상 15%
- 운동 8%
- 쇼핑 4%

직장인 천 명에게 여가 시간에 무엇을 하고 싶은지 물었다. 대부분의 사람들이 영화나 드라마를 보거나 인터넷 검색을 하면서 **시간을 보낼 계획이라고** 답했다. 그리고 여가 시간이 부족하기 때문에 짧은 시간 동안 **스트레스를 풀 만한** 게임이나 음악 감상을 하고 싶다고 답했다. 활동적인 여가 활동을 하는 것보다는 쉬고 싶어 하는 사람들이 많은 것을 알 수 있었다.

❖ 잘 읽고 내용과 일치하면 ○, 일치하지 않으면 ✕ 하세요.

1) 운동이나 쇼핑과 같은 여가 활동의 인기가 높았다. ( )
2) 여가 시간에 쉬고 싶다고 대답한 사람들이 많았다. ( )
3) 여가 시간에 영화나 드라마를 본다는 대답이 1위였다. ( )

우쿨렐레 ukulele　　가죽 leather　　명화 famous painting　　검색하다 to search
활동적이다 to be active

 문법과 표현
- 동 -을 생각/계획/예정이다　☞ 28쪽
- 동 -을 만하다　☞ 29쪽

Reading 읽기 6-2

읽기 2 다음은 취미 교실에 대한 글입니다. 잘 읽고 질문에 답해 보세요.

취미 활동을 시작할 계획이신가요?
일일 취미 교실로 놀러 오세요.

- **장소:** 공예 카페
- **일시:** 매주 월요일, 수요일, 토요일 (오전 10시 30분, 오후 6시)
- **참가 인원:** 7명 (선착순)
- **수강료:** 30,000원 (재료비 포함)

가죽으로 된 물건을 만들어 보는 수업입니다. 필요한 재료를 모두 준비해 드리기 때문에 초보자도 쉽게 **만들어 볼 만합니다**. 열쇠고리, 카드 지갑, 가방 등 매번 새로운 작품을 만들어 볼 수 있습니다.

초급	중급	고급
열쇠고리, 필통	카드 지갑, 여권 케이스	서류 가방, 핸드백

1 취미 교실에서 만들 수 있는 작품으로 알맞은 것을 고르세요.

①  ②  ③

2 이 글에 대한 내용으로 맞는 것은 무엇입니까?

① 재료비를 따로 내지 않아도 된다.
② 원하는 시간에 언제나 수업을 들을 수 있다.
③ 참가자가 일곱 명보다 많아야 수업을 들을 수 있다.

인원 number of persons   선착순 first come, first serve   재료비 material cost   초보자 beginner   열쇠고리 key chain
매번 every time   작품 work (of art)   초급 beginning level   중급 intermediate level   고급 advanced level   케이스 case
핸드백 handbag

읽기 3 다음은 인기 있는 취미 활동에 대한 기사입니다. 잘 읽고 질문에 답해 보세요.

직장인들의 새로운 취미 '칼림바' 연주

요즘 칼림바 배우기가 직장인들 사이에서 인기를 끌고 있다. 칼림바는 중앙아프리카에서 온 민속 악기로 나무판에 금속으로 된 가늘고 긴 판이 여러 개 달려 있다. 이 부분을 손가락으로 튕겨서 소리를 낸다.

칼림바는 소리가 맑고 깨끗해서 마음을 편안하게 해 준다. 오르골과 비슷한 소리가 나는데 소리가 크지 않아서 실내에서도 편하게 연주할 수 있다. 악기 가격이 저렴하고 어디에서나 쉽게 구입할 수 있다는 것도 큰 장점이다. 게다가 배우기가 쉬워서 아이부터 어른까지 연주가 가능하다. 연주에 재능이 없는 사람도 **배워 볼 만한** 악기이다. 누구나 악기를 배우다가 그만둔 경험이 있을 것이다. 연주 방법이 어렵고 복잡하면 금방 흥미를 잃어버리게 된다. 그런데 칼림바는 배우기 쉽고 소리도 예뻐서 많은 사랑을 받고 있다.

다음 달 한국문화회관에서 동호회 회원들이 준비한 칼림바 공연이 **열릴 예정이다**. 미리 신청만 하면 무료로 관람할 수 있다고 한다. 자세한 내용은 칼림바 동호회 홈페이지에서 확인할 수 있다.

1 칼림바는 어떻게 생겼습니까?

2 칼림바의 연주 방법으로 맞는 것을 고르세요.

① 입으로 불어서 소리를 낸다.
② 손가락으로 눌러서 소리를 낸다.
③ 손가락으로 튕겨서 소리를 낸다.

3 이 글에 대한 내용으로 맞는 것을 고르세요.

① 칼림바는 오르골과 모양이 비슷하다.
② 칼림바는 누구나 배울 수 있는 악기이다.
③ 다음 달 동호회 회원들이 칼림바 공연을 관람할 예정이다.

 배워 보고 싶은 악기가 있습니까?

칼림바 kalimba   중앙아프리카 Central Africa   민속 악기 folk instrument   나무판 wooden board   금속 metal
가늘다 to be thin   오르골 music box   게다가 moreover

Writing 쓰기 6-2

준비 연주할 줄 아는 악기나 고향의 악기를 소개하고 연주 방법을 설명해 보세요.

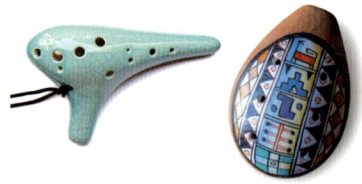

저는 학교에서 오카리나를 배웠어요. 오카리나는 흙이나 금속으로 만든 악기인데 새 모양인 것도 있고 달걀 모양인 것도 있어요. 입으로 불어서 연주하는데 손으로 구멍을 막았다가 떼면서 소리를 내요. 연주하기 쉬워서 아이들도 배워 볼 만해요.

소개하고 싶은 악기와 연주 방법에 대해 이야기해 보세요.

- 소개하고 싶은 악기의 이름은 무엇입니까?

- 그 악기는 어떻게 생겼습니까?

- 그 악기를 어떻게 연주합니까?

쓰기 악기의 모양과 연주 방법에 대해 써 보세요.

오카리나 ocarina   흙 soil   구멍 hole   막다 to cover   떼다 to uncover

과제

💬 여러분의 특별한 재능을 친구들과 나누려고 합니다. 여러분이 선생님이 되어 친구들에게 어떤 수업을 하고 싶은지 이야기해 보세요.

준비 어떤 수업을 하고 싶은지 이야기해 보세요.

> 저는 어릴 때부터 운동화나 티셔츠에 그림 그리는 것을 좋아했어요. 친구들에게 옷이나 신발, 가방에 그림 그리는 방법을 가르쳐 주고 싶어요.

> 저는 비즈로 반지나 팔찌를 만들 수 있어요. 손재주가 없는 사람도 쉽게 따라 할 만한 비즈 공예 수업을 하고 싶어요.

1 다음과 같이 수업 계획을 세우고 발표해 보세요.

수업명	오일 파스텔화 그리기
장소	☑ 교실　☐ 카페　☐ 운동장　☐ 온라인　☐ _____
참가비	10,000원
준비물	오일 파스텔, 연필, 스케치북 등
수업 소개	오일 파스텔로 그림을 그려 보는 수업입니다. 그림을 배웠다가 재능이 없어서 그만둔 적이 있습니까? 이 수업은 그림 솜씨가 뛰어나지 않은 사람도 쉽게 따라 할 만합니다. 쉽고 재미있게 그림을 그리는 방법을 가르쳐 드립니다. 비싼 물감 대신에 오일 파스텔로 멋진 그림을 완성할 수 있습니다.
	• 초급: 꽃 그리기　• 중급: 동물 그리기　• 고급: 풍경 그리기

비즈 beads　오일 파스텔 oil pastel　스케치북 sketchbook　물감 paint

수업명	
장소	☐ 교실　☐ 카페　☐ 운동장　☐ 온라인　☐ _____
참가비	
준비물	
수업 소개	

2 들어 보고 싶은 수업을 고르고 그 이유를 이야기해 보세요.

> 저는 오일 파스텔화 그리기 수업을 듣고 싶어요. 그림에 재능이 없어도 쉽게 따라 할 만하다고 들었어요. 멋진 작품을 완성해서 집에 장식해 놓을 생각이에요.

민화 그리기

ⓒ연합뉴스

최근에 다양한 여가 활동에 대한 관심이 높아지면서 전통 공예나 그림 등을 취미로 즐기는 사람들이 늘고 있습니다. 이에 따라 취미로 민화를 그리는 사람도 늘고 있습니다. 민화는 예전에 집 안을 장식하기 위해서 그린 생활 그림입니다. 꽃과 새, 물고기, 동물 등 다양한 것들을 그렸습니다. 최근에는 이런 민화를 쉽게 그려 볼 수 있는 컬러링 북부터 특별 수업, 온라인 강의도 있습니다. 또 태블릿을 이용해서 편하게 민화를 그리는 사람들도 있습니다.

발음
Pronunciation

팔을 위로 쭉 **뻗고 [뻗꼬]** 옆구리를 굽혔다가 펴세요.

받침소리 [ㄱ, ㄷ, ㅂ] 뒤에 오는 'ㄱ, ㄷ, ㅂ, ㅅ, ㅈ'은 [ㄲ, ㄸ, ㅃ, ㅆ, ㅉ]로 발음됩니다.

예) 저는 아침을 먹고 왔어요.
오늘은 날씨가 춥지만 하늘에 구름은 없네요.

자기 평가
Self-Check

- ☐ 다른 사람의 고민을 듣고 조언할 수 있다.
- ☐ 자주 하는 운동 동작을 다른 사람에게 설명할 수 있다.
- ☐ 악기의 연주 방법을 설명하는 글을 쓸 수 있다.

7

소비와 절약 Spending & Saving

7-1 소비 성향

7-2 중고 거래

1 무엇을 사는 데에 돈을 많이 씁니까?
2 필요 없는 물건을 팔아 본 적이 있습니까?

7-1 Vocabulary 어휘 소비 성향

1 다음 가계부를 보고 지난달과 이번 달의 수입과 지출에 대해 이야기해 보세요.

8월			
수입		100만 원	
지출	식비	50만 원	115만 원
	교통비	10만 원	
	관리비	10만 원	
	옷값	40만 원	
	인터넷 요금	5만 원	
저축		0원	

9월			
수입		120만 원	
지출	식비	70만 원	105만 원
	교통비	5만 원	
	관리비	10만 원	
	옷값	5만 원	
	인터넷 요금	15만 원	
저축		15만 원	

지난달에는 **수입**보다 **지출**이 많았어요. 옷을 사는 데에 돈을 **낭비**했어요. 다음 달에는 **과소비**하지 말고 더 **절약**해야겠어요.

이번 달에는 **수입**이 늘고 지출은 줄었어요. 그리고 옷값을 **아껴서** 15만 원을 **저축**했어요.

2 생활비에 대해 이야기해 보세요.

한 달 생활비는 얼마가 **적당할까요**?

글쎄요. 60만 원 정도면 **충분할** 것 같아요.

관리비도 내야 하고 책도 사야 하는데 저는 그 돈으로는 **모자랄** 것 같아요.

한 달 식비는 얼마면 **충분할까요**?

저는 외식을 자주 해서 그 돈으로는 좀 **부족할** 것 같아요.

저는 한 달 식비로 35만 원 정도를 쓰는데 가끔 **남을 때도 있어요**.

수입 income	지출 expense	늘다 to increase	줄다 to decrease	아끼다 to spare
절약하다 to conserve	저축하다 to save	낭비하다 to waste	과소비하다 to overspend	모자라다 to be short on
부족하다 to not have enough		충분하다 to be enough	남다 to be left over	적당하다 to be adequate

Speaking 7-1 말하기

준비 1 다음에 대해 어느 쪽에 가까운지 표시하세요. 그리고 친구와 이야기해 보세요.

> 가: 돈을 아껴 써요?
> 나: 네. **아껴 쓰는 편이에요**. 저는 물건을 사기 전에 여러 번 생각해요.
> 가: 저는 돈을 **낭비하는 편이에요**. 필요 없는 물건을 사서 후회한 적이 많아요.

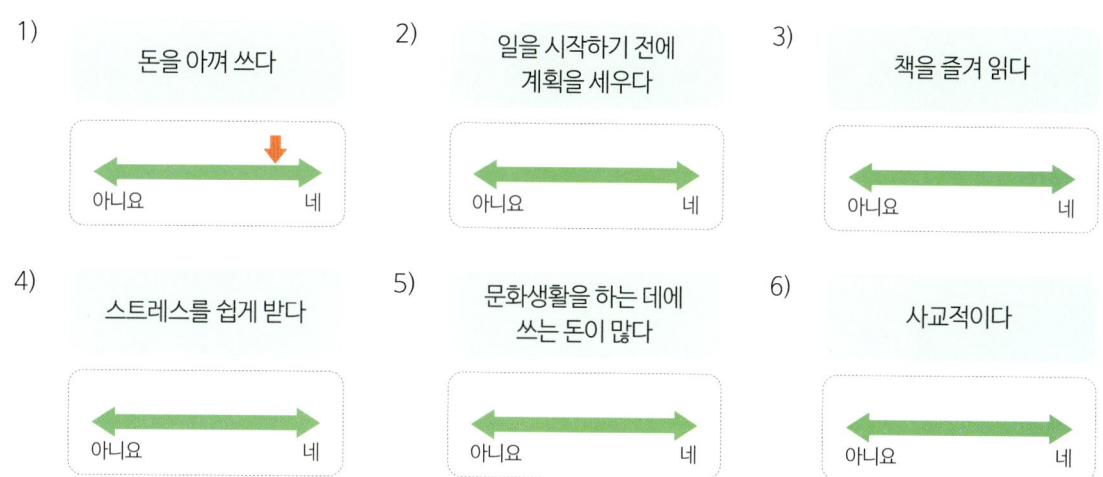

1) 돈을 아껴 쓰다 — 아니요 ↔ 네
2) 일을 시작하기 전에 계획을 세우다 — 아니요 ↔ 네
3) 책을 즐겨 읽다 — 아니요 ↔ 네
4) 스트레스를 쉽게 받다 — 아니요 ↔ 네
5) 문화생활을 하는 데에 쓰는 돈이 많다 — 아니요 ↔ 네
6) 사교적이다 — 아니요 ↔ 네

준비 2 고민하고 있는 일에 대해 친구와 이야기해 보세요.

> 가: 새 휴대폰을 살 거예요?
> 나: 글쎄요. 이번 달 생활비가 모자라서 **살까 말까 생각 중이에요**.
> 가: 그럼 중고 휴대폰을 알아보는 건 어때요?

1) 이번 달 생활비가 모자라다
2) 바람이 많이 불다
3) 휴가가 이틀밖에 없다
4) 회사 일이 바쁘다

사교적이다 to be sociable   중고 used

문법과 표현
- 동 -는 편이다, 형 -은 편이다 ☞ 30쪽
- 동 -을까 말까 (하다) ☞ 31쪽

말하기 1 다음은 절약에 대한 대화입니다. 소비 습관에 대해 친구와 이야기해 보세요.

사야 할 것
- ☐ 휴지
- ☐ 오이
- ☐ 우유
- ☐ 계란
- ☐ 바나나

1. 여자는 왜 휴대폰을 사지 않았습니까?
2. 남자는 왜 돈을 모으려고 합니까?
3. 여자는 남자에게 절약을 하기 위해서 어떻게 하라고 했습니까?

민우: 무슨 고민 있어요?

나나: 휴대폰이 오래돼서 살까 말까 하고 있어요.

민우: 얼마 전에 사러 간다고 하지 않았어요? 아직 안 샀어요?

나나: 네. 지난달에 여행을 갔다 와서 지출이 많이 늘었거든요.

민우: 그랬군요. 참, 저도 다음 달에 친구들하고 여행을 가기로 했어요. 그래서 돈을 모아야 하는데 제가 쇼핑하는 걸 좋아하는 편이라서 자꾸 과소비를 하게 돼요.

나나: 그럼 쇼핑하기 전에 사야 할 물건을 미리 적어 보는 건 어때요? 그렇게 하면 꼭 필요한 물건인지 생각해 볼 수 있기 때문에 과소비를 줄일 수 있대요.

민우: 그래요? 저도 그렇게 해 봐야겠어요. 빨리 돈을 모아서 여행을 떠나고 싶어요.

나나: 목표가 있으니까 돈을 더 쉽게 모을 수 있을 거예요.

구입할 물건	과소비를 하는 이유	조언
휴대폰	쇼핑하는 걸 좋아하다	사야 할 물건을 미리 적다
노트북	갖고 싶은 건 꼭 사다	비슷한 물건을 가지고 있는지 확인하다
자전거	취미 활동에 돈을 많이 쓰다	등산이나 독서를 해 보다

적다 to write   줄이다 to reduce   목표 goal

말하기 2 절약하는 방법에 대해 이야기해 보세요.

1 돈을 아껴서 하고 싶은 일이 있습니까?

저는 생활비를 아껴서 그 돈으로 여행을 더 자주 다니고 싶어요.

2 돈을 아끼는 방법에 대해 이야기해 보세요.

휴대폰이 고장 나서 살까 말까 고민하고 있어요.

저도 그러고 싶지만 요즘 여행 가려고 돈을 모으고 있거든요.

외식을 하지 말고 집에서 만들어 먹으면 어때요? 그렇게 하면 식비를 절약할 수 있을 텐데요. 건강에도 좋고요.

사용한 지 오래된 것 같은데 그냥 새로 사는 게 어때요?

그럼 중고 휴대폰을 한번 알아보세요. 쓸 만한 제품이 있을 거예요. 저도 저축을 해야 하는데 외식을 자주 하는 편이라서 쉽지 않네요.

앞으로는 그렇게 해 봐야겠어요.

외식 dine out

Listening 7-1 듣기

준비 돈을 아끼는 것에 대해 어떻게 생각합니까?

저는 항상 돈을 아껴 써야 한다고 생각해요. 돈을 낭비하면 꼭 필요할 때 돈이 모자라서 곤란해질 수 있으니까요.

저는 과소비만 하지 않으면 원하는 것을 사도 괜찮다고 생각해요.

듣기 1 다음은 라디오 뉴스입니다. 잘 듣고 질문에 답해 보세요.

1. 무엇에 대해 이야기하고 있습니까?
    ① 돈을 아끼는 방법
    ② 돈을 낭비하는 문제
    ③ 소비에 대한 생각의 변화

2. 들은 내용으로 맞는 것을 고르세요.
    ① 자신이 하고 싶은 일에 돈을 쓰는 사람들이 늘었다.
    ② 생활비가 부족해서 소비를 하지 않는 사람들이 많아졌다.
    ③ 요즘 사람들은 수입이 늘면 지출이 늘어도 괜찮다고 생각한다.

듣기 2 다음은 쇼핑에 대한 대화입니다. 잘 듣고 질문에 답해 보세요.

1. 두 사람의 쇼핑에 대한 생각을 정리해 보세요.

	남자	여자
주로 어디에서 쇼핑합니까?		
왜 그곳에서 자주 쇼핑합니까?	1. 2. 편하게 환불을 받을 수 있다.	1. 물건이 다양하고 값이 싸다. 2.

2. 대화가 끝난 후 여자가 이어서 할 행동으로 알맞은 것을 고르세요.
    ① 백화점에 정장을 사러 간다.
    ② 인터넷 쇼핑몰에서 주문한 옷을 반품한다.
    ③ 인터넷 쇼핑몰에서 마음에 드는 옷을 찾는다.

곤란하다 to be difficult   망설이다 to hesitate   무조건 unconditionally   설문 조사 survey

듣기 3   다음은 소비와 절약에 대한 대화입니다. 잘 듣고 질문에 답해 보세요.

1   여자의 중심 생각으로 알맞은 것을 고르세요.

① 돈을 아껴 쓰려면 지출을 반드시 줄여야 한다.
② 할인할 때 물건을 미리 사 두면 돈을 아끼는 데 도움이 된다.
③ 무조건 돈을 아끼는 것보다 필요 없는 물건을 안 사는 것이 중요하다.

2   남자에 대한 설명으로 맞는 것을 고르세요.

① 꼭 필요한 물건만 구입한다.
② 절약을 잘해서 큰 인기를 끌고 있다.
③ 돈을 아끼기 위해 할인하는 제품을 구입한다.

3   이 방송을 듣고 잘 실천하고 있는 사람을 고르세요.

① 나나: 돈을 아끼기 위해 마트에 자주 안 가요.
② 민우: 꼭 필요한 물건을 구입할 때에만 돈을 써요.
③ 엥흐: 하나 가격에 두 개를 준다고 하면 무조건 사요.

친구들과 이야기해 보세요.

• 똑똑하게 소비하는 방법을 알고 있습니까?
• 친구나 가족 중에 저축을 잘하는 사람을 알고 있습니까?

1인 방송 one-person broadcasting   상하다 to go bad   오히려 rather   실천하다 to put something in action

7-2 중고 거래

1 물건을 팔고 싶은 이유에 대해 이야기해 보세요.

새것 같다   품질이 좋다   버리기가 아깝다   멀쩡하다   싫증이 나다   지겹다

왜 그 배낭을 팔려고 해요? 아직 **새것 같은데요**.

새로 사고 싶은 배낭이 생겼거든요. **품질이 좋고** 디자인도 마음에 들어서 이 배낭을 샀는데 자주 메니까 좀 **지겨워졌어요**.

2 다음은 중고 거래 앱에 올라온 상품입니다. 판매자와 구매자가 되어 이야기해 보세요.

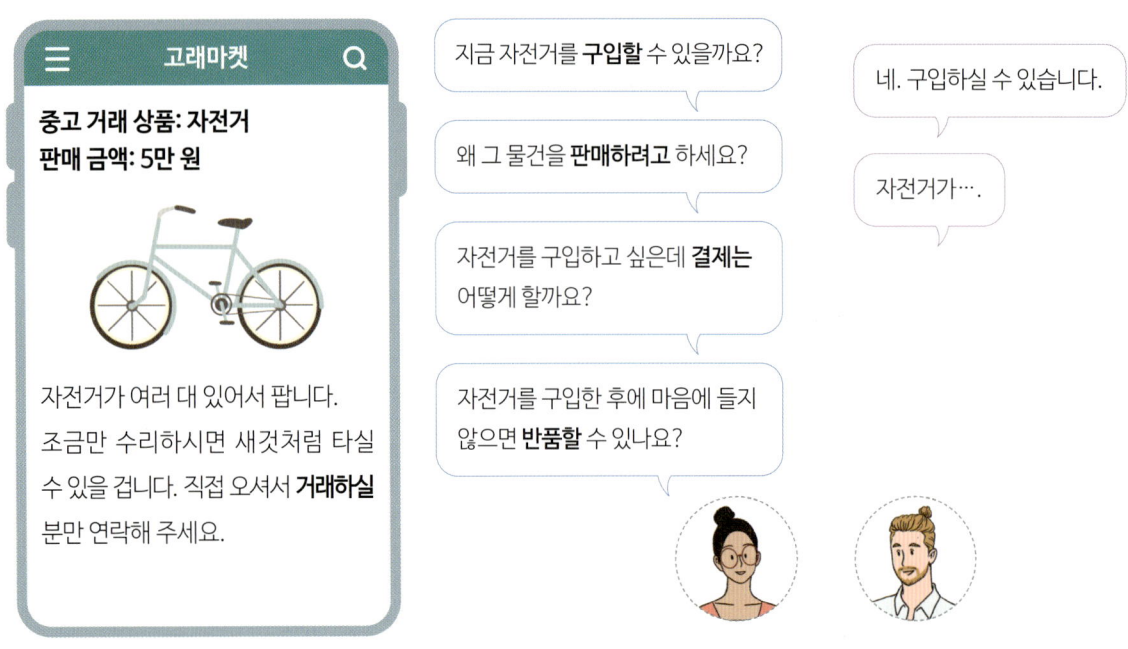

지금 자전거를 **구입할** 수 있을까요?

네. 구입하실 수 있습니다.

왜 그 물건을 **판매하려고** 하세요?

자전거가….

자전거를 구입하고 싶은데 **결제는** 어떻게 할까요?

자전거를 구입한 후에 마음에 들지 않으면 **반품할** 수 있나요?

고래마켓
중고 거래 상품: 자전거
판매 금액: 5만 원

자전거가 여러 대 있어서 팝니다. 조금만 수리하시면 새것처럼 타실 수 있을 겁니다. 직접 오셔서 **거래하실** 분만 연락해 주세요.

새것 같다 to look new   품질이 좋다 to be good quality   버리기가 아깝다 to feel bad about throwing something away
멀쩡하다 to be in good shape   싫증이 나다 to get tired of   지겹다 to get sick of   거래하다 to trade
구입하다 to buy   판매하다 to sell   결제하다 to pay   반품하다 to return

Reading 7-2 읽기

준비 중고로 팔고 싶은 물건이 있습니까? 친구에게 팔고 싶은 물건을 소개해 보세요.

운동화 휴대폰 거울

저는 제가 **신던** 운동화를 팔려고 해요. 사이즈가 좀 작아서 거의 신지 않았어요. 품질도 좋고 아직 새것 같아요. 이 운동화를 보면 누구나 **사고 싶어 할 거예요**.

읽기 1 다음은 온라인 중고 거래 광고입니다. 잘 읽고 질문에 답해 보세요.

SNU 고래마켓

우리 동네 중고 거래는 고래마켓에서….

고래마켓에서는 같은 동네에 사는 사람들끼리 **쓰던** 물건을 사고팔 수 있습니다. 싫증이 난 옷, 버리기 아까운 가구가 있으신가요? 고래마켓에서는 누구나 쉽게 중고 물건을 판매하고 구입할 수 있습니다. 중고 물건이라 품질이 나쁠까 봐 걱정되시나요? 고래마켓에서는 동네 사람들과 직접 만나서 거래합니다. 물건에 문제가 있을까 봐 **불안해하실** 필요가 없습니다.

고래마켓

❖ 잘 읽고 내용과 일치하면 ○, 일치하지 않으면 × 하세요.

1) 고래마켓에서는 동네 사람 누구나 중고 물건을 사고팔 수 있다. (   )
2) 중고 물건을 팔고 싶으면 고래마켓에 직접 가서 물건을 맡겨야 한다. (   )
3) 고래마켓에서는 판매자와 구매자가 직접 만나지 않고 거래할 수 있다. (   )

고래 whale   사고팔다 to buy and sell   직접 personally   불안하다 to be anxious
판매자 seller   구매자 buyer

문법과 표현 형-어하다 ☞ 32쪽   동형-던 ☞ 33쪽

읽기 2 다음은 중고 거래를 하는 두 사람의 대화입니다. 잘 읽고 질문에 답해 보세요.

1 두 사람이 거래하고 있는 물건은 무엇입니까?

2 구매자에 대한 설명으로 맞는 것을 고르세요.

① 판매자와 직접 만나서 거래하고 싶어 한다.
② 구입할 물건의 사진을 보고 물건을 구입했다.
③ 구입한 물건이 마음에 들지 않아 교환하려고 한다.

전자 피아노 digital piano   직거래 direct transaction

읽기 3 다음은 중고 거래 사이트에 올라온 글입니다. 잘 읽고 질문에 답해 보세요.

중고 가전제품 판매합니다.

다음 달에 이사를 가게 돼서 사용하지 않는 물건들을 팔려고 합니다. 이사 날짜가 다음 달 15일이라서 이 날짜에 가져가실 수 있는 분께 팔 생각입니다. 그리고 배송은 해 드리지 않습니다. 직접 오셔서 구입하실 분만 연락해 주세요.

작년에 구입한 에어컨인데 아직도 새것 같습니다. 품질도 좋고 성능도 뛰어납니다. 사고 나서 일주일 정도밖에 쓰지 않았습니다. 이사 갈 집에 에어컨이 설치되어 있다고 해서 가지고 갈까 말까 고민하다가 팝니다.
• 판매 가격: 350,000원

제 동생이 **사용하던** 운동 기구입니다. 구입한 지는 좀 됐지만 아직 꽤 쓸 만합니다. 헬스장에 가는 것을 **귀찮아하시거나** 운동할 시간이 부족한 분들에게 추천합니다.
• 판매 가격: 100,000원

사은품으로 받은 6인용 밥솥입니다. 밥도 잘되고 디자인도 깔끔합니다. 거의 사용하지 않아서 상태도 좋은 편입니다. 에어컨을 구입하시는 분께 무료로 드리겠습니다.
• 판매 가격: 무료

1 이 글에 대한 설명으로 맞는 것을 고르세요.

① 밥솥은 에어컨을 구입하고 사은품으로 받았다.
② 판매자는 동생이 사용하던 운동 기구를 팔려고 한다.
③ 에어컨은 구입한 후에 한 번도 사용한 적이 없는 새 제품이다.

2 다음은 거래를 원하는 사람들입니다. 누구와 거래하는 것이 가장 좋을지 이야기해 봅시다.

①  아야나 — 에어컨을 사고 싶은데 택배로 보내 주실 수 있나요? 배송비는 제가 내겠습니다.

② 자밀라 — 안녕하세요? 밥솥만 구입할 수 있을까요? 근처에 살고 있어서 원하시는 시간에 제가 가지러 갈 수 있어요.

③ 크리스 — 운동 기구를 사고 싶어요. 다음 달 15일이 마침 쉬는 날이라 시간도 되고요. 그런데 혹시 운동 기구를 언제 구매하셨는지 알 수 있을까요?

 중고로 물건을 살 때 주의해야 할 점이 있습니까?

성능 performance   설치되다 to be installed   운동 기구 exercise equipment   꽤 quite   귀찮다 to be troublesome
사은품 free gift   밥솥 rice cooker

Writing 쓰기 7-2

준비 인터넷으로 판매하고 싶은 물건이 있습니까?

> 새 노트북을 선물로 받았어요. 그래서 제가 쓰던 노트북을 팔까 말까 고민하고 있어요.

팔고 싶은 물건에 대해 이야기해 보세요.

- 팔고 싶은 물건이 있습니까? 왜 그 물건을 팔고 싶습니까?

- 언제 구입한 물건입니까? 물건의 상태는 어떻습니까?

- 어떻게 거래하고 싶습니까?

쓰기 인터넷에 물건을 판매하는 글을 써 보세요.

 Task 과제

친구들이 어떻게 절약하고 있는지 조사한 후 발표해 보세요.

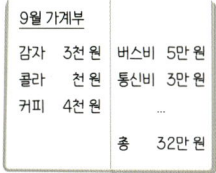

준비 여러분이 알고 있는 절약 방법이 있습니까?

활동지 170쪽

| 물건을 싸게 구입하는 방법 | 여행을 싸게 가는 방법 | 표를 싸게 사는 방법 |

| 식비를 절약하는 방법 | 통신비를 절약하는 방법 | 에너지를 절약하는 방법 |

1 2~3명이 한 팀이 되어 위의 카드 중 한 장을 고른 후 절약하는 방법을 정리해 보세요.

물건을 싸게 구입하는 방법

- 인터넷으로 할인 쿠폰을 찾아본다.
- 중고 거래 사이트에서 필요한 물건을 찾는다.
- _____
- _____

통신비 cell phone bill   에너지 energy

2 다른 친구들이 어떻게 절약하고 있는지 더 조사해 보세요.

> **물건을 싸게 구입하려면 어떻게 해야 합니까?**
> - 인터넷으로 할인 쿠폰을 찾아본다.
> - 중고 거래 사이트에서 필요한 물건을 찾는다.
> - _____.

3 위에서 정리한 내용으로 발표 원고를 쓰세요. 그리고 친구들 앞에서 발표해 보세요.

인사와 주제 소개	인사	안녕하세요?/안녕하십니까?
	팀 소개	3급 3반 '즐거운 한국어' 팀입니다.
	주제 소개	지금부터 '물건을 싸게 구입하는 방법'에 대해 발표하겠습니다.
조사 결과	주제 1	먼저/우선/첫째….
	주제 2	다음으로/둘째….
	주제 3	마지막으로/셋째….
마무리	인사	이것으로 물건을 싸게 구입하는 방법에 대한 발표를 마치겠습니다. 지금까지 저희 팀의 발표를 들어 주셔서 감사합니다. 질문이 있으면 해 주세요./질문이 있으십니까?

> 안녕하십니까? 3급 3반 '즐거운 한국어' 팀입니다. 오늘 저희는 '물건을 싸게 구입하는 방법'에 대해 발표하겠습니다. 먼저, 물건을 싸게 구입하기 위해서는 할인 쿠폰을 찾아봐야 합니다. 인터넷으로 검색을 하면 할인 쿠폰을 쉽게 찾을 수 있습니다. 다음으로 중고 거래 사이트에서 괜찮은 물건이 있는지 알아봐야 합니다. 그리고….

한국의 속담

속담은 오래전부터 전해져 내려온 말로 교훈을 주는 내용이 많습니다. 속담을 배우면 옛날 사람들의 생각이나 생활 모습도 알 수 있습니다. 그럼 소비나 절약에 대한 한국 속담을 알아볼까요?

티끌 모아 태산이다.

먼지가 쌓여서 큰 산이 되는 것처럼 적은 돈도 모으면 큰돈이 된다는 의미의 속담입니다.

강물도 쓰면 준다.

지금은 많아 보이는 것도 계속 쓰면 부족해질 수 있으니 물건을 낭비하지 말아야 한다는 의미의 속담입니다.

발음 Pronunciation

지난달에 여행을 갔다 와서 지출이 많이 **늘었거든요**.

'-거든(요)'는 '이유를 말할 때'와 '하려고 하는 말의 배경을 말할 때'의 억양이 다릅니다. '이유를 말할 때'에는 끝을 내려서 말하고 '하려고 하는 말의 배경을 말할 때'는 끝을 올려서 말합니다.

예) 이따가 공항에 가야 해요. 고향에서 친구가 오거든요.
　　지난 주말에 제주도에 갔다 왔거든요. 경치도 아름답고 음식도 맛있었어요.

자기 평가 Self-Check

- ☐ 자신의 소비 방식에 대해 말할 수 있다.
- ☐ 중고로 팔고 싶은 물건을 판매하는 글을 쓸 수 있다.
- ☐ 절약하는 방법에 대해 묻고 답할 수 있다.

교훈 moral

8 한국 생활 Life in Korea

8-1 문제와 해결

8-2 문화 차이

1 집에서 문제가 생긴 적이 있습니까?
2 한국에서 생활하면서 한국과 고향이 다르다고 생각한 적이 있습니까?

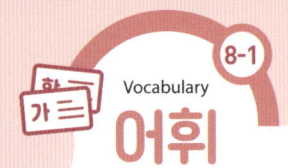

문제와 해결

1 집에 대해 이야기해 보세요.

- 지금 살고 있는 집을 어떻게 구했습니까?
- 월세에 **전기 요금이 포함되어** 있습니까?
- **집을 계약하기** 전에 무엇을 확인했습니까?
- 공과금을 어떻게 **납부하고** 있습니까?

2 그림을 보고 어떤 문제가 있는지 이야기해 보세요.

 세면대가 막히다
 물이 새다
 전기가 나가다
 소음이 심하다
 배송이 안 되다

3 문제를 해결한 경험에 대해 이야기해 보세요.

 하수구를 뚫다
 전구를 갈다
 집을 내놓다
 글을 올리다

 세면대가 막혔을 때 세제를 넣고 막힌 **하수구를 뚫었어요.**

집을 계약하다 to sign a contract for a house
공과금을 납부하다 to pay the utility bill
물이 새다 water is leaking
소음이 심하다 noise is too loud
하수구를 뚫다 to unclog the drain
집을 내놓다 to put one's house on the market

전기 요금이 포함되다 electricity is included
세면대가 막히다 sink is clogged
전기가 나가다 electricity goes out
배송이 안 되다 delivery is not made
전구를 갈다 to change the light bulb
글을 올리다 to post a review

준비 1   한국에서 경험한 일에 대해 다음과 같이 이야기해 보세요.

> 가: 한복을 입어 보니까 어땠어요?
> 나: 입어 보니까 생각보다 편하고 **예쁘더라고요**.
> 가: 저도 꼭 한번 입어 보고 싶어요.

1) 한복을 입다

2) 삼계탕을 먹다

3) 혼자 살다

4) 한국 가수의 콘서트에 가다

준비 2   문제 상황과 해결 방법에 대해 이야기해 보세요.

> 가: 무슨 일 있어요?
> 나: 갑자기 이사를 가게 됐어요. 어떻게 하면 좋을까요?
> 가: 그럼 방이 빨리 **나가도록** 부동산에 방을 내놓으세요.

문제 상황
- 갑자기 이사를 가게 되다
- 한국어 실력이 좋아지지 않다
- 요즘 잠을 잘 못 자다
- 감기에 걸렸는데 열이 안 내리다

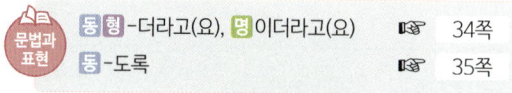

말하기 1 다음은 한국에서 생활하면서 생길 수 있는 문제에 대한 대화입니다. 문제와 해결 방법에 대해 친구와 이야기해 보세요.

1 여자는 왜 이사를 하려고 합니까?
2 여자는 이사를 가기 위해서 무엇을 해야 합니까?
3 대화가 끝난 후 여자가 할 행동은 무엇입니까?

아야나: 안녕하세요. 저 305호에 사는 세입자인데요.
집주인: 아야나 씨, 안녕하세요. 무슨 일이에요?
아야나: 제가 갑자기 지방에 내려가게 됐어요. 그래서 다음 달까지만 살고 이사해야 할 것 같아요.
집주인: 아, 그래요? 그런데 방을 계약한 지 얼마 안 돼서 아야나 씨가 다음 세입자를 구해 놓고 나가야 하는데요.
아야나: 정말요? 제가 어떻게 하면 될까요?
집주인: 일단 제가 부동산에 방을 내놓을게요. 아야나 씨도 방이 빨리 나가도록 인터넷 카페에 글을 올리세요. 그렇게 하면 연락이 많이 오더라고요.
아야나: 알겠습니다. 빨리 인터넷 카페에 글을 올려야겠네요.
집주인: 세입자를 구할 수 있을 테니까 너무 걱정하지 마세요.

상황	문제	해결 방법
이사를 하다	세입자를 구해 놓고 나가야 하다	방이 나가도록 인터넷 카페에 글을 올리다
인터넷 연결이 잘 안되다	인터넷 문제를 직접 해결해야 하다	인터넷이 잘 되도록 통신 회사에 연락하다
세면대 하수구가 막히다	막힌 하수구를 직접 뚫어야 하다	물이 잘 내려가도록 하수구를 청소하다

세입자 tenant   지방 province

말하기 2 일상생활에서 생길 수 있는 문제와 해결 방법에 대해 이야기해 보세요.

1 문제와 해결 방법을 연결하세요.

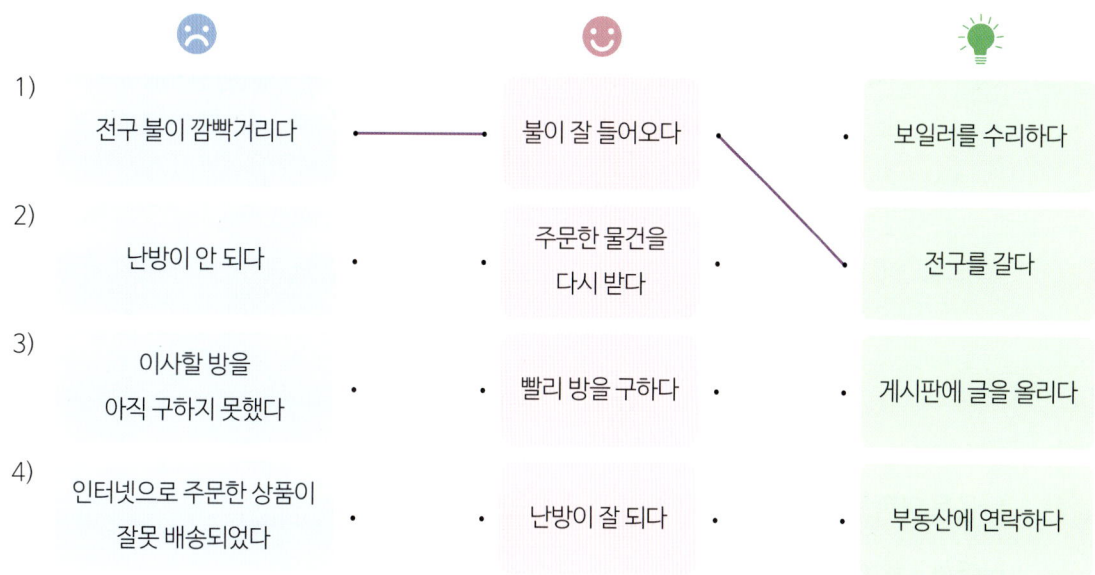

1) 전구 불이 깜빡거리다 — 불이 잘 들어오다 — 전구를 갈다
2) 난방이 안 되다 — 난방이 잘 되다 — 보일러를 수리하다
3) 이사할 방을 아직 구하지 못했다 — 빨리 방을 구하다 — 부동산에 연락하다
4) 인터넷으로 주문한 상품이 잘못 배송되었다 — 주문한 물건을 다시 받다 — 게시판에 글을 올리다

2 문제와 해결 방법에 대해 이야기해 보세요.

- 무슨 문제가 있어요?
- 방에 있는 전구 불이 어제부터 깜빡거려요.
- 전구를 오래 사용했나 보네요.
- 네. 불이 다시 잘 들어오도록 새 전구를 사서 갈아 끼워야겠어요.
- 오래된 전구를 빼서 들고 가세요. 그렇게 하면 물건을 찾기 쉽더라고요.
- 네. 그럴게요. 고마워요.

깜빡거리다 to flicker   난방 heating system   보일러 boiler   수리하다 to repair   끼우다 to screw

듣기 8-1

준비 집을 구할 때 중요하게 생각하는 것이 있습니까?

> 크고 조용한 방 있습니다.
> (보증금 500만 원/월세 40만 원)
> - 공원과 가까워서 조용하고 공기가 맑습니다.
> - 인터넷 요금, 전기 요금, 수도 요금이 월세에 포함되어 있습니다.

> 깨끗한 방 있습니다.
> (보증금 800만 원/월세 35만 원)
> - 지하철역까지 걸어서 10분! 교통이 편리합니다.
> - 세탁기, 냉장고, 텔레비전, 전자레인지, 에어컨이 마련되어 있습니다.

듣기 1 다음은 아파트 안내 방송입니다. 잘 듣고 질문에 답해 보세요.

1. 안내 방송을 하는 이유는 무엇입니까?

2. 들은 내용과 일치하면 ○, 일치하지 않으면 × 하세요.
   1) 재활용 쓰레기는 쓰레기봉투에 넣어서 버려야 한다. (   )
   2) 재활용 쓰레기는 일요일과 수요일에만 버릴 수 있다. (   )
   3) 일반 쓰레기는 비상구 계단에 모아 두었다가 버리면 된다. (   )

듣기 2 다음은 집에 생긴 문제에 대한 대화입니다. 잘 듣고 질문에 답해 보세요.

1. 남자가 여자의 집을 방문한 이유는 무엇입니까?

2. 대화가 끝난 후 여자가 이어서 할 행동으로 맞는 것을 고르세요.
   ① 직접 화장실을 고친다.
   ② 수리 기사에게 연락한다.
   ③ 남자의 집에 화장실을 보러 간다.

마련되다 to be provided 쓰레기봉투 trash bag 비상구 emergency exit 피해를 주다 to cause damage 천장 ceiling 바닥 floor
젖다 to get wet 뚝뚝 drip, drip (sound) 수리 기사 repairperson

듣기 3 다음은 부동산 직원과 손님의 대화입니다. 잘 듣고 질문에 답해 보세요.

1 여자가 보러 간 집에 대해 정리해 보세요.

- 집이 좁지만 깔끔하다.
- 물이 _____.
- 세면대가 막혀서 _____.
- 꼭대기 층이라서 _____.

2 여자가 전에 살던 집에 어떤 문제가 있었습니까?

3 들은 내용으로 알맞은 것을 고르세요.

① 여자는 이 집을 계약할 것이다.
② 여자는 다른 집을 보러 갈 것이다.
③ 여자는 이사한 후에 이 집을 고칠 것이다.

친구들과 이야기해 보세요.

- 고향에서는 어떻게 집을 구합니까?
- 집을 계약하기 전에 무엇을 확인해야 합니까?

꼭대기 top   층간 소음 inter-floor noise   굉장히 extremely

문화 차이

1 그림을 보고 이야기를 만들어 보세요.

지호야, 나 내일 6시쯤 퇴근할 수 있어.
그럼 6시 30분에 만나자.

7시 30분까지 가려면 지금 출발해야겠다.
착각하다

실망하다

다투다

나는 약속 시간이 7시 30분인 줄 알았어.
이해가 되다

내가 약속 시간을 착각했어. 미나야, 정말 미안해.
사과하다

나도 아까 화내서 미안해.
오늘 늦어서 미안해.
화해하다

사이좋다

지호는 퇴근 후에 미나를 만나기로 했습니다. 그런데….

2 오해한 경험에 대해 이야기해 보세요.

다른 사람을 **오해한** 적이 있어요?
그때 어떻게 **오해를 풀었어요**?

네. 같은 반 친구가 저를 보면 자꾸 도망가서 저를 싫어한다고 생각했어요.

친구한테 기분 나쁘다고 **솔직히 말했어요**. 그런데 그 친구가 저를 좋아해서 그런 거였대요.

착각하다 to be mistaken 실망하다 to be disappointed 다투다 to argue 이해가 되다 to make sense
사과하다 to apologize 화해하다 to make up 사이좋다 to get along with 오해하다 to misunderstand
오해를 풀다 to clear up a misunderstanding 솔직히 말하다 to speak frankly

읽기 8-2

준비 문화 차이 때문에 오해한 적이 있습니까?

한국에 처음 왔을 때 동호회 친구들이 서로를 '언니', '형'이라고 불러서 가족이라고 **오해할 뻔했어요.** 저한테도 언니라고 해서 처음에는 솔직히 좀 놀랐어요. 그런데 **한국 사람이라고 해서 항상 서로를 그렇게 부르는 건 아니더라고요.** 저를 가족처럼 생각해서 그렇게 부른다는 걸 알고 정말 기뻤어요.

읽기 1 다음은 외국인 유학생 게시판에 올라온 글입니다. 잘 읽고 질문에 답해 보세요.

외국인 유학생 카페   **질문이 있어요.**

다니엘: 우리 고향에서는 식당에서 각자 자기가 시킨 음식만 먹거든요. 그래서 한국에서도 그렇게 했는데 여자 친구가 저한테 정이 없어 보인다고 하더라고요. 얼마 전에도 이 문제로 여자 친구하고 크게 **다툴 뻔했어요.** 그런데 제가 **음식을 나눠 먹지 않는다고 해서 정이 없는 사람은 아니거든요.** 솔직히 말하면 지금도 여자 친구가 왜 서운해하는지 이해가 잘 안돼요.

└ **에릭**: 저도 처음에는 제가 시킨 음식만 먹는 게 편했어요. 그런데 직장 동료들과 밥을 먹을 때 여러 가지 음식을 시켜서 같이 먹으니까 다양한 음식을 맛볼 수 있어서 오히려 좋더라고요. 동료들과의 사이도 더 좋아진 것 같아요.

1   이 사람의 여자 친구는 왜 서운해했습니까?

2   여러분은 이 사람에게 무슨 말을 해 주고 싶습니까?

문법과 표현
- 동-을 뻔하다   ☞ 36쪽
- 명이라고 (해서) 다 동-는/형-은/명인 것은 아니다   ☞ 37쪽

나눠 먹다 to share (food)   서운하다 to be hurt

읽기 2
다음은 잡지에 실린 인터뷰입니다. 잘 읽고 질문에 답해 보세요.

[대학 인터뷰]

외국인 글짓기 대회 대상 수상자를 만나다!

- 이번에 외국인 글짓기 대회에서 대상을 받으셨는데요. 축하드립니다. 세라 씨, 지금 기분이 어떠신가요?

   글쓰기에 자신이 없어서 참가를 **포기할 뻔했는데** 이렇게 큰 상을 받게 되어서 정말 기쁩니다. 고향에 계신 부모님께서 저보다 더 기뻐하시더라고요. 부모님께 큰 선물을 해 드린 것 같아서 기분이 좋습니다.

- 글짓기 주제가 '문화 차이'였다고 들었습니다. 무슨 내용을 쓰셨는지 소개해 주시겠어요?

   한국에서는 '우리 학교', '우리 가족'처럼 '우리'라는 말을 자주 씁니다. 솔직히 처음에 이 말을 듣고 좀 놀랐습니다. 제 고향에서는 이럴 때 보통 '나'라고 하기 때문입니다. 그래서 함께하는 한국 문화를 주제로 글을 써야겠다고 생각했습니다.

- 마지막으로 독자 여러분께 전하고 싶은 말씀이 있으면 해 주세요.

   각자의 **문화가 다르다고 해서 어느 한쪽이 틀린 것은 아니라고** 생각합니다. 서로의 문화를 이해하고 존중하는 태도가 가장 중요한 것 같습니다.

1 누구에 대한 인터뷰입니까?

2 이 글에 대한 내용으로 맞는 것은 무엇입니까?

① 이 사람은 부모님께 상을 받은 소식을 전했다.
② 이 사람은 대회에 참가하는 것을 포기했다가 다시 나왔다.
③ 이 사람의 고향에서는 '나' 대신 '우리'라는 말을 자주 사용한다.

대상 grand prize   포기하다 to give up   독자 reader   존중하다 to respect   태도 attitude

읽기 3 다음은 블로그에 올라온 글입니다. 잘 읽고 질문에 답해 보세요.

저는 한국에서 일한 지 6개월이 조금 넘었습니다. 처음에는 한국 생활이 좀 힘들었지만 지금은 많이 익숙해졌습니다. 한국에 오고 나서 한국에 대한 생각도 많이 달라졌습니다.

먼저 저는 한국에 오기 전에 한국 음식은 다 매울 줄 알았습니다. 제가 매운 음식을 잘 못 먹기 때문에 한국 음식을 못 먹을까 봐 걱정도 많이 했습니다. 그런데 **한국 음식이라고 해서 다 매운 것은 아니었습니다.** 불고기나 삼겹살처럼 맵지 않은 음식이 더 많았습니다.

그리고 한국이 이렇게 안전한 곳일 줄 몰랐습니다. 제 숙소 근처에는 늦게까지 문을 여는 가게가 정말 많습니다. 그래서 밤늦게 혼자 다녀도 별로 무섭지 않습니다. 얼마 전에는 휴대폰을 카페에 두고 나와서 **잃어버릴 뻔한** 일이 있었습니다. 한참 후에 찾으러 갔는데 제 휴대폰이 원래 있던 자리에 그대로 놓여 있어서 깜짝 놀랐습니다. 제가 그동안 한국에 대해 잘 모르고 있었다고 느꼈습니다.

한국에서 살면서 한국에 대해 더 많이 알게 되었습니다. 그리고 오해나 편견도 많이 사라졌습니다. 저는 한국 문화를 배우는 일이 즐겁습니다. 물론 외국 생활이 외롭고 힘들 때도 있지만 앞으로도 한국에서 좋은 추억을 더 많이 만들고 싶습니다.

1 이 글을 쓴 사람에 대한 설명으로 맞는 것을 고르세요.

① 지금 한국에서 일하고 있다.
② 한국 음식이 입에 안 맞아서 밥을 먹기가 힘들다.
③ 밤늦게 혼자 다니면 위험하기 때문에 일찍 집에 들어간다.

2 다음은 이 글을 읽은 사람들의 댓글입니다. 글의 내용을 잘 이해한 사람을 고르세요.

① ↳ 소날   한국에서는 물건을 잃어버리지 않도록 조심해야겠어요.

② ↳ 테오   한국을 여행하고 싶은데 음식이 맵다고 해서 걱정이에요.

③ ↳ 안나   저도 한국에 가면 밤늦게까지 맛있는 것도 먹고 쇼핑도 할 거예요.

💬 한국에 대해 잘못 알고 있던 것이 있었습니까?

넘다 to pass   그대로 to be untouched   편견 prejudice

Writing 쓰기 8-2

준비 다른 나라에 대해 알고 있던 정보가 맞는지 친구들과 이야기해 보세요.

러시아는 항상 춥다고 들었는데 정말이에요?

아니에요. 많은 친구들이 그렇게 오해하고 있더라고요. 러시아라고 해서 언제나 추운 것은 아니에요. 봄에는 날씨가 따뜻해서 여행하기 좋아요.

잘못 알고 있던 정보에 대해 이야기해 보세요.

- 그동안 가지고 있던 오해나 편견이 있습니까?

- 정확한 사실은 무엇입니까?

쓰기 잘못 알고 있던 정보에 대해 정확한 사실을 전달하는 글을 써 보세요.

정확하다 to be accurate   사실 fact

친구들과 문제를 해결하는 역할극을 해 보세요.

준비 최근에 생활하면서 생긴 문제가 있습니까?

집　　이웃　　친구　　언어　　생활비　　?

 요즘 온라인으로 태국어를 배우고 있는데 인터넷이 자꾸 끊겨서 불편해요. 인터넷이 잘되도록 수리 기사를 불러서 고쳐야겠어요.

1 상황 카드를 고르고 어떻게 해결할 수 있을지 이야기해 보세요.

활동지 170쪽

> 내일 시험이 있어서 밤새도록 공부할 예정이다. 그런데 기숙사 옆방 친구가 밤 10시가 넘도록 파티를 하고 있다. 소음이 너무 심해서 공부에 집중을 할 수가 없다.

옆집 사람에게 너무 시끄러우니까 조용히 해 달라고 부탁해 보는 건 어떨까요?

소음 때문에 이웃집에 직접 찾아가면 안 된다고 들었어요. 관리 사무소에 전화해서 상황을 말하고 대신 해결해 달라고 부탁하는 게 좋겠어요.

> 고향 친구가 한국에 여행을 왔는데 내일 다시 고향으로 돌아간다. 오늘이 그 친구의 생일이라서 파티를 준비했다. 그런데 아까부터 옆방 친구가 계속 문을 두드린다.

함께 사는 공간이니까 서로 조심하는 게 좋겠어요. 일단 먼저 사과하고 상황을 잘 설명해 보는 게 어때요?

공동주택에 산다고 해서 항상 조용히 해야 하는 건 아니라고 생각해요. 소음 때문에 스트레스를 많이 받는 편이라면 조용한 주택으로 이사하는 게 나아요.

두드리다 to knock　　공간 space　　공동주택 multi-family residential

2 상황 카드를 보고 친구와 역할극을 해 보세요.

- 누구세요?
- 나나 씨, 저 옆방에 사는 크리스예요.
- 크리스 씨, 안녕하세요. 그런데 무슨 일이세요?
- 파티를 하시나 봐요. 너무 시끄러워서….
- 죄송합니다. 많이 시끄러우셨어요? 지금 친한 친구 생일이라서 파티를 하고 있어서….
- 제가 내일 중요한 시험이 있어서 오늘 밤새도록 공부를 해야 하는데….

3 친구들 앞에서 역할극을 해 보고 가장 잘한 팀을 뽑아 보세요.

한국의 손동작

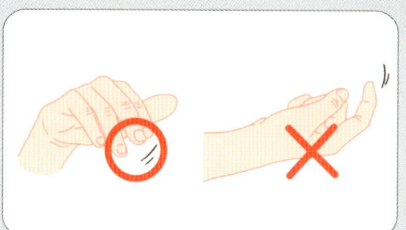

한국에서는 멀리 있는 사람을 부를 때 손바닥을 아래로 오게 한 후 앞뒤로 흔듭니다. 한국에서 손바닥을 위로 오도록 해서 사람을 부르면 실례가 될 수 있으니 조심해야 합니다.

엄지와 검지를 붙여서 동그랗게 만들고 다른 손가락을 펴서 보이는 모양은 '돈'을 의미하기도 하지만 한국에서는 '좋다', '괜찮다', '오케이(Okay)'라는 의미로 자주 사용됩니다.

손등이 보이는 '브이(V)'가 나쁜 의미로 사용되는 나라도 있다고 합니다. 그런데 한국에서 검지와 중지를 펴서 만드는 '브이(V)' 모양은 승리나 행운을 의미합니다.

발음 (Pronunciation)

부동산에 방을 **내놓을게요.** [내노을께요]

받침 'ㅎ, ㄶ, ㅀ' 뒤에 모음이 오는 경우에는 [ㅎ]을 발음하지 않습니다.

예) 눈이 많이 내려서 마당에 눈이 쌓였어요.
저녁에 먹으려고 김치찌개를 끓여 놓았어요.

자기 평가 (Self-Check)

☐ 문제 상황과 해결 방법을 말할 수 있다.
☐ 사실을 알고 나서 달라진 것에 대해 말할 수 있다.
☐ 정확한 사실을 전달하는 글을 쓸 수 있다.

승리 victory   행운 luck

9

사건과 사고 Incidents & Accidents

9-1 사고와 부상

9-2 분실

1. 사고를 당한 적이 있습니까?
2. 물건을 잃어버렸다가 찾은 적이 있습니까?

사고와 부상

1 그림을 보고 상황을 설명해 보세요.

물에 빠지다

문에 끼이다

뱀에게 물리다

엘리베이터에 갇히다

교통사고가 나다

음주 운전을 하다

과속을 하다

신호를 어기다

2 다쳐서 치료를 받은 적이 있습니까?

베다   부러지다   찢어지다   꿰매다   깁스를 하다   수술하다

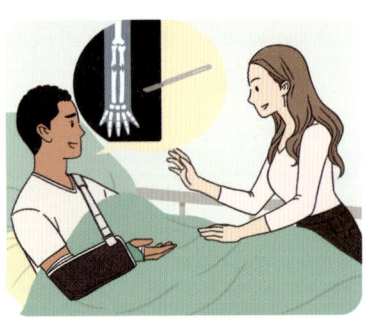

팔이 **부러져서 수술했어요.**

물에 빠지다 to fall into the water   문에 끼이다 to get stuck in between a door   뱀에게 물리다 to be bitten by a snake
엘리베이터에 갇히다 to be trapped in an elevator   교통사고가 나다 to get into a car accident
음주 운전을 하다 to drink and drive   과속을 하다 to speed   신호를 어기다 to run a red light   베다 to sprain
부러지다 to break   찢어지다 to be torn   꿰매다 to stitch   깁스를 하다 to get a cast   수술하다 to operate

준비 1 어떤 소식을 듣고 놀란 경험에 대해 이야기해 보세요.

가: 나나 씨가 오늘 아침에 교통사고를 당했대요.
나: 네? 교통사고를 **당했다고요**?
가: 네. 저도 아까 듣고 깜짝 놀랐어요.

1)

2)

3)

4)

준비 2 사고가 난 상황을 이야기해 보세요.

가: **어쩌다가** 사고가 났어요?
나: 횡단보도를 **건너다가** 차에 치였어요. 그래서 다리가 부러졌어요.

1)

2)

3)

4)

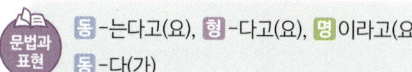

치이다 to be run over

말하기 1
다음은 교통사고에 대한 대화입니다. 사고 상황에 대해 친구와 이야기해 보세요.

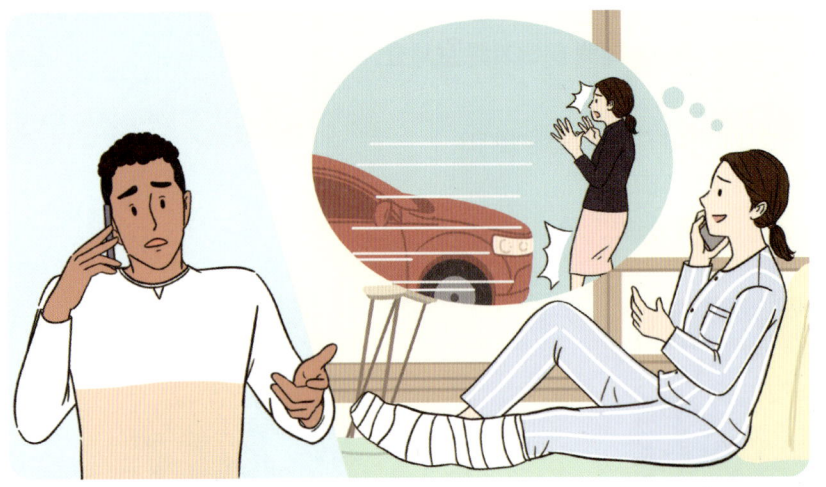

1. 여자는 왜 남자에게 전화를 했습니까?
2. 여자는 어떻게 하다가 사고를 당했습니까?
3. 남자는 내일 뭘 하려고 합니까?

나나: 나 어제 교통사고를 당했어.

에릭: 교통사고를 당했다고? 괜찮아?

나나: 다리가 부러져서 깁스를 했어. 며칠 입원해야 한대. 그래서 내일은 만나기 힘들 것 같아.

에릭: 그렇구나. 많이 놀랐겠다. 그런데 어떻게 하다가 사고가 났어?

나나: 횡단보도를 건너다가 차에 치였어. 자동차 운전자가 신호를 어기고 과속을 했대.

에릭: 정말 큰일 날 뻔했네. 내일 수업 끝나고 문병 갈게.

나나: 고마워. 병원에 혼자 있어서 심심했는데 잘됐다.

에릭: 그럼 내일 갈게. 몸조리 잘하고 필요한 게 있으면 말해 줘.

다친 곳	사고 상황	사고 원인
다리가 부러지다	횡단보도를 건너다가 차에 치이다	신호를 어기고 과속을 하다
이마가 찢어지다	버스에서 내리다가 오토바이에 치이다	운전 중에 휴대폰을 보다
팔이 부러지다	자전거를 타다가 다른 차와 부딪치다	졸음운전을 하다

운전자 driver 문병(을) 가다 to go visit a sick/injured person 몸조리 recuperation 부딪치다 to bump into
원인 cause 졸음운전 drowsy driving

| 말하기 2 | 주위에서 일어난 사고에 대해 이야기해 보세요.

1   사고에 대해 들은 적이 있습니까?

- 언제, 누구에게 일어난 사고입니까?
- 어떤 사고입니까?
- 왜 사고가 났습니까?
- 다친 사람이 있습니까?

2   위의 사고에 대해 이야기해 보세요.

- 배우 리나 씨가 교통사고를 당했대요.
- 네? 교통사고를 당했다고요?
- 네. 횡단보도를 건너다가 택시에 치였대요.
- 그래서 많이 다쳤대요?
- 다리가 부러져서 2주 동안 깁스를 해야 한대요.
- 어떡해요. 빨리 나았으면 좋겠네요.

듣기 9-1

준비 사고로 다쳐서 치료를 받은 적이 있습니까?

저는 높은 구두를 신고 걷다가 발목을 삔 적이 있어요. 그래서 병원에 가서 치료를 받았어요.

듣기 1 다음은 백화점 안내 방송입니다. 잘 듣고 질문에 답해 보세요.

1 무엇에 대해 안내하고 있습니까?

① 백화점 엘리베이터 이용 방법
② 백화점 에스컬레이터 위치 안내
③ 백화점 에스컬레이터 이용 시 주의 사항

2 안내 방송에 나온 내용으로 맞는 것을 고르세요.

① 비가 오는 날에는 에스컬레이터 대신 엘리베이터를 이용해야 한다.
② 최근 에스컬레이터에서 걷거나 뛰다가 다치는 사고가 자주 일어난다.
③ 유모차를 가지고 에스컬레이터를 이용할 때에는 앞사람과 부딪치지 않도록 주의해야 한다.

반드시 must   손잡이 handrail   발생하다 to occur   노약자 the elderly and weak   보호자 guardian   주의하다 to be careful
유모차 stroller   주의 사항 precaution

듣기 2 다음은 통화하는 두 사람의 대화입니다. 잘 듣고 질문에 답해 보세요.

1 여자는 왜 다쳤습니까?

2 남자에 대한 설명으로 알맞은 것을 고르세요.

① 야근을 자주 해서 건강이 나빠졌다.
② 여자의 사고 소식을 듣고 많이 놀랐다.
③ 일주일 동안 병원에 입원해서 치료를 받아야 한다.

듣기 3 다음은 물놀이 사고 예방에 대한 대화입니다. 잘 듣고 질문에 답해 보세요.

1 물에 들어가기 전에 물을 적셔야 하는 순서로 맞는 것을 고르세요.

① 팔 → 얼굴 → 다리
② 다리 → 팔 → 얼굴
③ 얼굴 → 팔 → 다리

2 다음 중 물놀이를 안전하게 하고 있는 사람을 고르세요.

① 　② 　③

3 들은 내용과 일치하는 것을 고르세요.

① 여자는 어렸을 때 준비 운동이 중요하다고 배웠다.
② 여자는 물에 빠진 사람을 구하다가 다친 적이 있다.
③ 여자는 여름철 물놀이 사고 예방 방법을 알려 주고 있다.

💬 **친구들과 이야기해 보세요.**

- 문병을 간 경험이 있습니까?
- 고향에서는 어떤 사고가 자주 일어납니까?

복도 hallway　무덥다 to be muggy　물놀이 water play　전문가 expert　여름철 summertime　예방하다 to prevent
적시다 to wet　절대로 never　위험하다 to be dangerous　발견하다 to discover　구조하다 to rescue　주위 surroundings
튜브 tube　막대기 stick

어휘 Vocabulary 9-2 분실

1 물건을 잃어버리거나 도난당한 적이 있습니까?

 도난을 당하다 / 신고하다

 분실하다

 보관하다

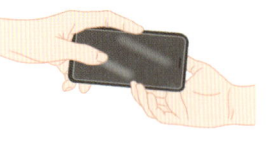 돌려주다

2 아래의 그림을 보고 느낌이나 모양을 설명해 보세요.

둥글다	뾰족하다	세모	네모	마름모	동그라미	거칠다	매끄럽다
		울퉁불퉁하다	평평하다	딱딱하다			

멜론은 **둥근** 모양이고 겉이 **울퉁불퉁해요**.

도난을 당하다 to be robbed	신고하다 to report	분실하다 to lose	보관하다 to store
돌려주다 to return	세모 triangle	네모 square	마름모 rhombus
동그라미 circle	둥글다 to be round	뾰족하다 to be sharp	울퉁불퉁하다 to be bumpy
평평하다 to be flat	딱딱하다 to be hard	거칠다 to be rough	매끄럽다 to be smooth

준비 물건을 분실하거나 찾아 준 경험을 이야기해 보세요. 그리고 그 물건의 모양을 설명해 보세요.

저는 도서관 화장실에서 시계를 잃어버린 적이 있어요. 그때 같은 과 친구가 주워서 보관하고 있다가 돌려줬어요. 그 시계는 동그라미 모양이고 크기는 오백 원짜리 **동전만 해요**. 그리고 가죽으로 **만들어진** 시곗줄이 달려 있어요.

읽기 1 다음은 기숙사 게시판에 올라온 글입니다. 잘 읽고 질문에 답해 보세요.

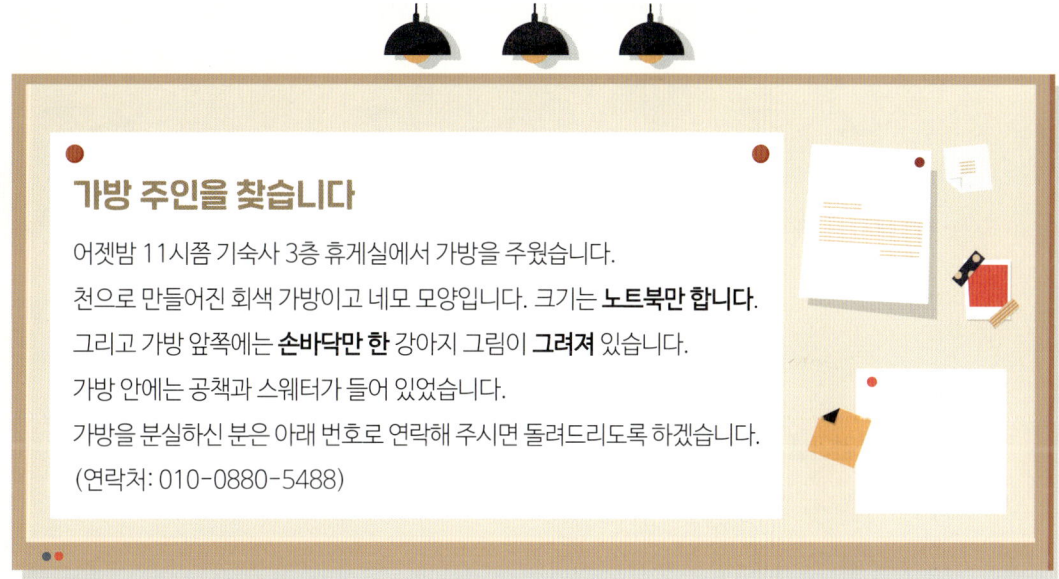

가방 주인을 찾습니다

어젯밤 11시쯤 기숙사 3층 휴게실에서 가방을 주웠습니다.
천으로 만들어진 회색 가방이고 네모 모양입니다. 크기는 **노트북만 합니다**.
그리고 가방 앞쪽에는 **손바닥만 한** 강아지 그림이 **그려져** 있습니다.
가방 안에는 공책과 스웨터가 들어 있었습니다.
가방을 분실하신 분은 아래 번호로 연락해 주시면 돌려드리도록 하겠습니다.
(연락처: 010-0880-5488)

❖ 위에서 설명한 가방의 모양으로 알맞은 것을 고르세요.

①    ②    ③

짜리 couter for somthing of such a number/amount   시곗줄 watch strap
달리다 to be hung   휴게실 lounge   천 cloth

문법과 표현
명 만 하다 ☞ 41쪽
동 -어지다 ☞ 42쪽

읽기 2 다음은 학교 게시판에 올라온 글입니다. 잘 읽고 질문에 답해 보세요.

자전거를 찾아가세요.

몇 주 전부터 학생회관 앞에 자전거가 **세워져** 있었습니다. 새 자전거처럼 보이는데 아무도 찾으러 오지 않아서 이상하다고 생각했습니다. 자전거가 멀쩡한 것을 보면 **버려진** 것 같지는 않습니다. 자전거는 빨간색인데 앞에는 **주먹만 한** 등과 네모 모양의 바구니가 달려 있습니다.

저도 자전거를 도난당한 경험이 있는데 주인을 찾아 주고 싶어서 이 글을 올리게 되었습니다. 혹시 이 자전거를 찾고 계시는 분은 경비실로 가 보시기 바랍니다. 자전거가 계속 학생회관 입구 쪽을 막고 있어서 오늘 경비실에 자전거를 맡겼습니다.

1 잘 읽고 위에서 설명하고 있는 자전거로 알맞은 것을 고르세요.

①  ②  ③

2 분실한 자전거를 찾고 싶으면 어떻게 해야 합니까?

① 경비실에 가서 자전거를 찾아온다.
② 자전거를 도난당했다고 경찰서에 신고한다.
③ 이 글을 올린 사람을 만나서 자전거를 돌려받는다.

세우다 to stand   주먹 fist   등 light   바구니 basket   돌려받다 to recover

읽기 3 다음은 물건을 잃어버린 사람이 인터넷에 올린 글입니다. 잘 읽고 질문에 답해 보세요.

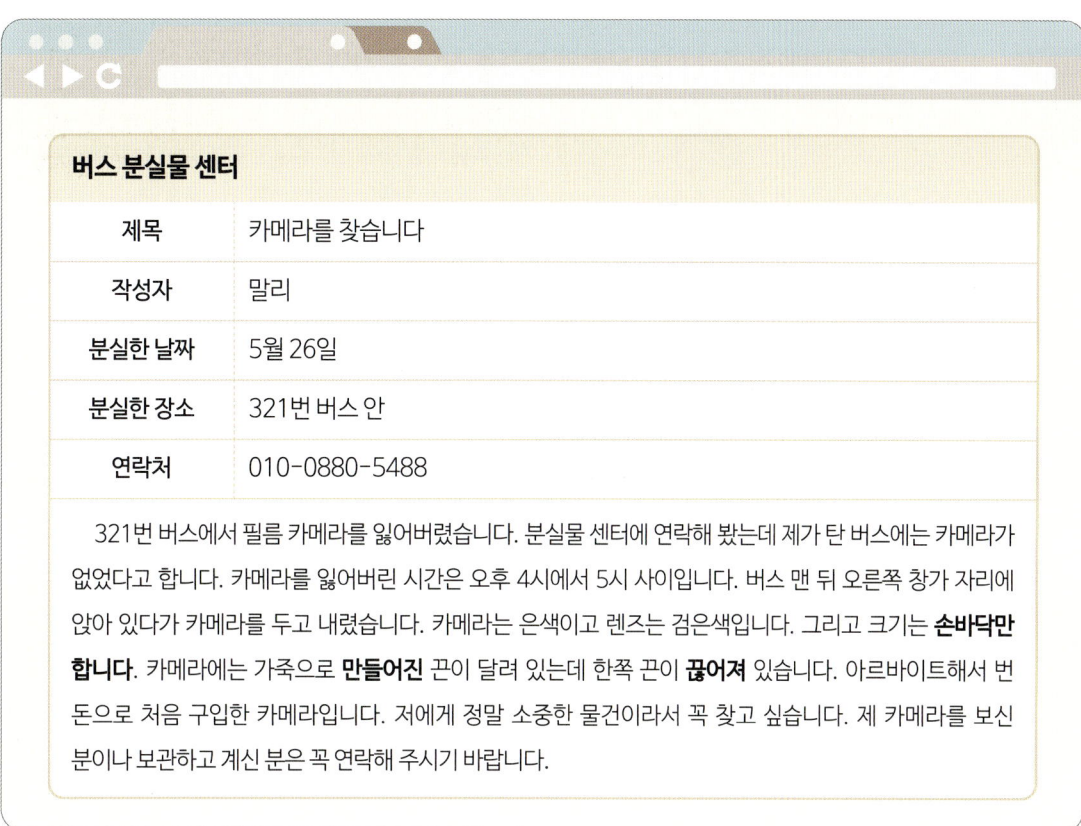

버스 분실물 센터	
제목	카메라를 찾습니다
작성자	말리
분실한 날짜	5월 26일
분실한 장소	321번 버스 안
연락처	010-0880-5488

321번 버스에서 필름 카메라를 잃어버렸습니다. 분실물 센터에 연락해 봤는데 제가 탄 버스에는 카메라가 없었다고 합니다. 카메라를 잃어버린 시간은 오후 4시에서 5시 사이입니다. 버스 맨 뒤 오른쪽 창가 자리에 앉아 있다가 카메라를 두고 내렸습니다. 카메라는 은색이고 렌즈는 검은색입니다. 그리고 크기는 **손바닥만 합니다**. 카메라에는 가죽으로 **만들어진** 끈이 달려 있는데 한쪽 끈이 **끊어져** 있습니다. 아르바이트해서 번 돈으로 처음 구입한 카메라입니다. 저에게 정말 소중한 물건이라서 꼭 찾고 싶습니다. 제 카메라를 보신 분이나 보관하고 계신 분은 꼭 연락해 주시기 바랍니다.

1 이 사람이 잃어버린 카메라는 어떻게 생겼습니까?

2 이 글의 내용과 일치하는 것을 고르세요.

① 이 사람은 버스에 카메라를 두고 내렸다.
② 이 사람은 버스 분실물 센터에서 카메라를 찾았다.
③ 이 사람은 버스에서 주운 카메라의 주인을 찾고 있다.

💬 고향에서는 다른 사람의 물건을 주웠을 때 어떻게 찾아 줍니까?

필름 film   맨 very   은색 silver   렌즈 lens   끈 strap   소중하다 to be precious

Writing 9-2 쓰기

준비 잃어버린 물건을 찾거나 다른 사람의 물건을 찾아 준 적이 있습니까?

> 저는 다른 사람의 지갑을 주워서 주인을 찾아 준 적이 있어요. 그때 지갑에 명함이 들어 있었어요. 그걸 보고 지갑 주인에게 전화해서 지갑을 돌려줬어요.

잃어버린 물건에 대해 이야기해 보세요.

- 무엇을 잃어버렸습니까?

- 그 물건을 언제 어디에서 잃어버렸습니까?

- 그 물건의 크기와 모양은 어떻습니까?

쓰기 분실물 센터에 잃어버린 물건을 설명하는 글을 써 보세요.

분실물 센터			
제목			
작성자		분실한 날짜	
분실한 장소		연락처	

명함 business card

과제

💬 친구와 함께 사고 상황을 설명하고 위로하는 역할극을 해 보세요.

준비 다음 장소에서 일어날 수 있는 사고에 대해 이야기해 보세요.

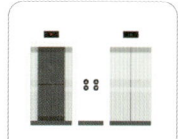     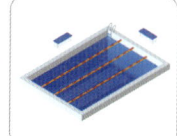

1 사고에 대한 이야기를 만들어 보세요.

어디에서 사고가 났어요?	☐ 집 ☑ 도로 ☐ 회사 ☐ 학교 ☐ 산 ☐ 바다
그때 무엇을 하고 있었어요?	☑ 운전을 하다　☐ 자전거를 타다　☐ 길을 건너다 ☐ 계단을 내려가다　☐ 운동을 하다　☐ 요리하다
어떻게 됐어요?	☐ 갇히다　☐ 미끄러지다　☐ 물리다　☐ 끼이다　☐ 넘어지다 ☐ 데다　☐ 베다　☑ 부딪치다　☑ 부러지다　☐ 찢어지다
문병 온 사람은 누구예요?	☑ 회사 동료　☐ 친구　☐ 가족
위로의 말을 해 보세요.	빨리 나으세요. 몸조리 잘하세요. 치료 잘 받으세요.

 도로에서 운전을 하다가 옆 차와 부딪쳤어요. 그래서….

데다 to be burned

과제

어디에서 사고가 났어요?	☐ 집 ☐ 도로 ☐ 회사 ☐ 학교 ☐ 산 ☐ 바다
그때 무엇을 하고 있었어요?	☐ 운전을 하다 ☐ 자전거를 타다 ☐ 길을 건너다 ☐ 계단을 내려가다 ☐ 운동을 하다 ☐ 요리하다
어떻게 됐어요?	☐ 갇히다 ☐ 미끄러지다 ☐ 물리다 ☐ 끼이다 ☐ 넘어지다 ☐ 데다 ☐ 베다 ☐ 부딪치다 ☐ 부러지다 ☐ 찢어지다
문병 온 사람은 누구예요?	☐ 회사 동료 ☐ 친구 ☐ 가족
위로의 말을 해 보세요.	

2 친구와 함께 사고와 문병에 대한 대화를 만들어 보세요.

- 나나 씨, 몸은 좀 어때요?
- 많이 좋아졌어요. 이렇게 문병을 와 줘서 정말 고마워요.
- 어쩌다가 사고가 났어요?
- 버스에서 내리다가 오토바이에 치였어요.
- 정말 큰일 날 뻔했네요. 회사 일은 걱정하지 말고 몸조리 잘하세요.
- 네. 그럴게요. 정말 고마워요.

3 준비한 역할극을 친구들 앞에서 해 보세요.

한국의 분실물 센터

지하철이나 택시에 지갑을 두고 내렸을 때는 어떻게 해야 할까요? 분실물 센터가 있는 지하철역에 찾아가거나 택시 회사에 직접 전화를 할 수도 있습니다. 그런데 잃어버린 물건을 쉽게 찾을 수 있는 웹 사이트가 있습니다. '대중교통 통합분실물센터' 웹 사이트에서는 분실물로 등록된 여러 가지 물건을 찾아볼 수 있고, 잃어버린 물건을 신고할 수도 있습니다. 또한 주운 물건의 주인을 찾아 줄 수도 있습니다. 대중교통에서 물건을 잃어버렸을 때는 당황하지 말고 이 웹 사이트를 이용해 보세요.

발음 Pronunciation

심심했는데[심심핸는데] 잘됐다.

받침소리 [ㄱ, ㄷ, ㅂ]의 경우는 'ㄴ'이나 'ㅁ' 앞에서 [ㅇ, ㄴ, ㅁ]으로 발음됩니다.

예) 국물이 식기 전에 어서 드세요.
저는 음악 듣는 걸 좋아해요.

자기 평가 Self-Check

- ☐ 사고 상황을 설명할 수 있다.
- ☐ 잃어버린 물건에 대해 설명하는 글을 쓸 수 있다.
- ☐ 다른 사람의 사고 상황을 듣고 위로의 말을 전할 수 있다.

서울대 한국어+

3A

부록 Appendix

- 활동지 Activity Sheets
- 듣기 지문 Listening Script
- 모범 답안 Answer Key
- 어휘 색인 Glossary

Activity Sheets
활동지

2. 날씨와 여행

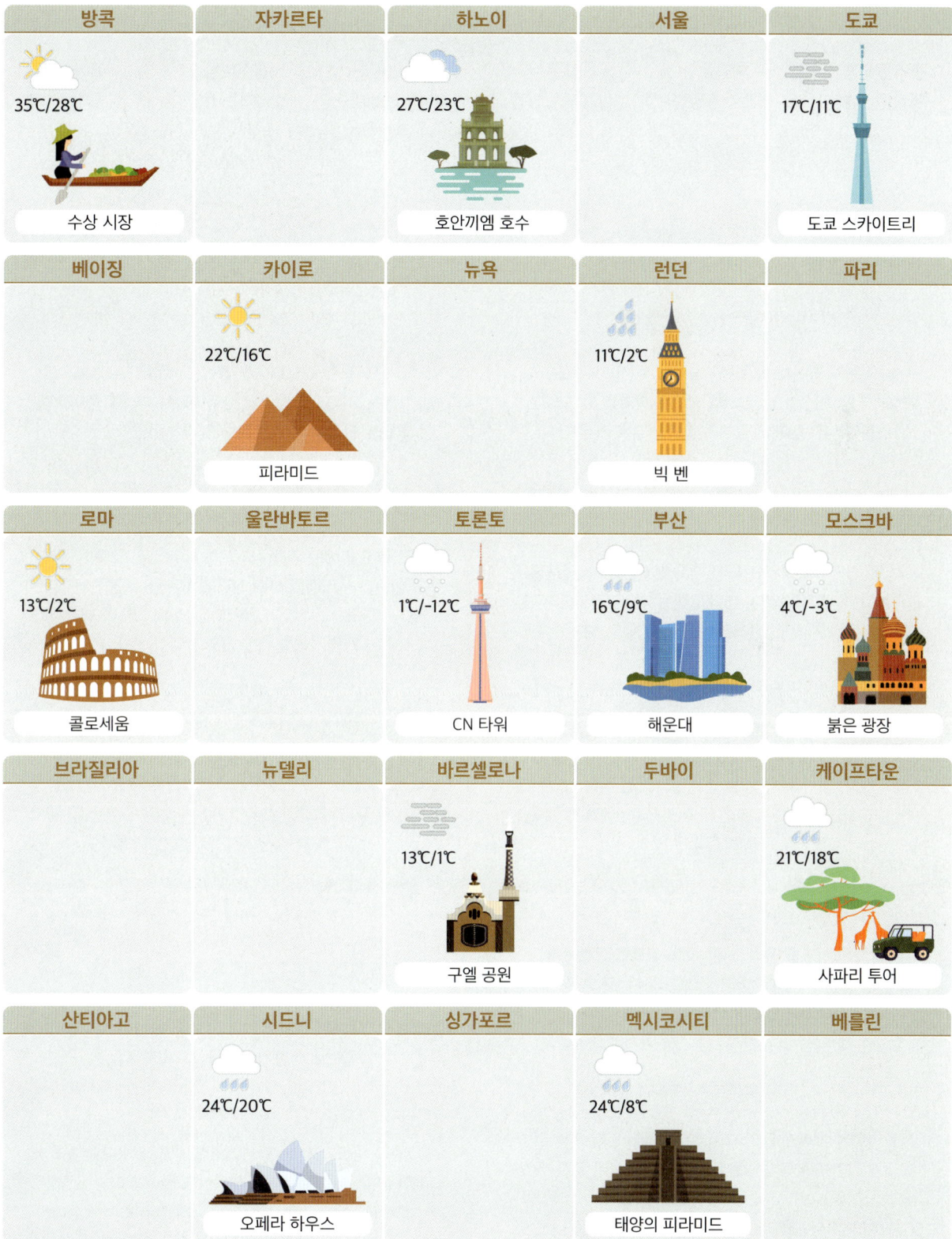

7. 소비와 절약

| 물건을 싸게 구입하는 방법 | 여행을 싸게 가는 방법 | 표를 싸게 사는 방법 | 식비를 절약하는 방법 | 통신비를 절약하는 방법 | 에너지를 절약하는 방법 |

8. 한국 생활

내일 시험이 있어서 밤새도록 공부할 예정이다. 그런데 기숙사 옆방 친구가 밤 10시가 넘도록 파티를 하고 있다. 소음이 너무 심해서 공부에 집중을 할 수가 없다.

고향 친구가 한국에 여행을 왔는데 내일 다시 고향으로 돌아간다. 오늘이 그 친구의 생일이라서 파티를 준비했다. 그런데 아까부터 옆방 친구가 계속 문을 두드린다.

얼마 전 중고 거래 사이트에서 그릇을 구입했는데 상자를 열어 보니 다 깨져 있었다. 깨진 그릇을 꺼내다가 손을 다칠 뻔했다. 판매자에게 연락해서 환불해 달라고 해야겠다.

쓰던 그릇을 중고 거래 사이트에 내놓았다. 그릇이 깨질 수도 있으니 직거래를 하고 싶다고 했지만 그릇을 사겠다는 사람이 택배로 보내 달라고 했다. 그런데 그릇이 깨졌다고 하면서 환불해 달라고 연락이 왔다.

날씨가 갑자기 쌀쌀해져서 난방을 켰다. 그런데 보일러가 고장이 났다. 이사 와서 한 번도 보일러를 켠 적이 없는데 어떻게 하면 좋을지 모르겠다. 일단 집주인에게 전화해 봐야겠다.

월세 사는 학생에게서 보일러에 문제가 생겼다고 연락이 왔다. 그 학생이 이사 오기 전에 보일러를 새로 설치했는데 이해가 안 된다. 학생이 보일러 켜는 방법을 모르는 것 같다. 보일러 관리 방법을 다시 알려줘야겠다.

드라이클리닝을 하려고 세탁소에 코트를 맡겼는데 소매에 얼룩이 생겼다. 아끼는 코트라서 너무 속상하다. 코트가 밝은색이라서 얼룩이 너무 잘 보인다. 얼룩을 지울 수 없을까 봐 걱정이다. 빨리 세탁소에 가져가 봐야겠다.

우리 세탁소에서 코트를 찾아간 손님이 코트에 얼룩이 생겼다고 하면서 다시 가져왔다. 직원이 마지막에 확인을 했을 때에는 얼룩이 없었다고 했는데 이상하다. 직원은 절대로 자기가 실수하지 않았다고 한다. 손님이 착각을 한 것 같은데 어떻게 해야 할지 모르겠다.

집을 계약할 때에는 전기 요금, 수도 요금, 인터넷 요금이 모두 방값에 포함된다고 들었는데 오늘 관리비 고지서가 나와서 깜짝 놀랐다. 나는 성격이 꼼꼼한 편이라서 계약을 할 때 미리 다 확인을 하는데 관리비 고지서가 잘못 나온 것 같다. 집주인과 이야기해 봐야겠다.

2층에 새로 이사 온 학생이 관리비가 많이 나왔다고 찾아왔다. 집을 계약할 때 부동산 직원이 인터넷 요금만 방값에 포함된다고 했는데 잘못 이해했나 보다. 학생에게 관리비 내는 방법에 대해 확실하게 이야기해야겠다.

Listening Script
듣기 지문

1. 새로운 출발 New Start

❶ 남: 안녕하십니까? 설레는 5월 우리 대학 축제가 열립니다. 이번 축제는 5월 16일부터 20일까지 5일 동안 열린다고 합니다. 먼저 화요일 오후 4시에는 대강당에서 춤 공연을 한다고 합니다. 동아리 선배들이 신입생들과 함께 오랫동안 준비한 공연이니까 틀림없이 만족하실 겁니다. 그리고 축제 기간 동안 운동장에서 학생들이 직접 만든 음식을 판다고 합니다. 우리 학교 외국인 유학생들도 고향 음식을 소개한다고 하니까 꼭 들러 보시기 바랍니다. 이번 축제에 학생 여러분의 많은 관심 부탁드립니다.

❷ 여: 안녕하세요? 제가 오늘 숙소에 늦게 도착해서 생활 안내를 못 받았는데요. 세탁실이 어디에 있는지 좀 알려 주시겠어요?
남: 아, 그러셨군요. 세탁실은 1층에 있습니다. 세탁기는 밤 9시까지만 사용할 수 있고 세제는 직접 사서 넣으셔야 합니다. 또 궁금한 게 있으신가요?
여: 기숙사 문을 닫는 시간이 정해져 있다고 들었는데요. 몇 시인가요?
남: 밤 11시에 닫으니까 그전까지는 들어오셔야 합니다.
여: 네, 알겠습니다. 참, 기숙사에서는 요리를 할 수 없다고 들었는데 맞나요?
남: 네. 식사는 학생 식당에서 하시면 됩니다. 학생 식당은 오전 8시부터 오후 8시까지 문을 엽니다.
여: 죄송하지만 몇 시에 문을 닫는다고 하셨나요? 제가 아직 한국어가 서툴러서요.
남: 괜찮습니다. 학생 식당은 오후 8시까지만 합니다.
여: 정말 감사합니다.

❸ 여: 벌써 금요일이네요. 저는 한국에서 처음 보내는 주말이라서 특별한 경험을 해 보고 싶어요. 다니엘 씨는 이번 주말에 뭐 할 거예요?
남: 저는 언어 교환 모임에서 만난 친구하고 경복궁에 가기로 했어요.
여: 언어 교환 모임요?
남: 네. 한국 대학생들과 일주일에 한 번씩 만나서 서로의 언어와 문화를 소개해 주는 모임이에요. 한국 친구들도 사귈 수 있어서 저는 정말 만족해요.
여: 와, 좋은데요? 저도 그 모임에 가 보고 싶어요.
남: 이번 주 일요일에도 모임이 있는데 같이 갈래요? 이번 주에는 고향의 전통 음식을 소개할 거라고 들었어요.
여: 정말 잘됐네요. 예전부터 한국의 전통 음식을 배우고 싶었어요. 그런데 이 모임을 어떻게 알게 됐어요?
남: 학교 게시판에서 모임 안내 글을 봤어요. 언어 교환을 하고 싶은 외국 학생을 찾고 있다고 해서 모임에 나가게 됐어요.
여: 그렇군요. 알려 줘서 고마워요. 새로운 친구와 한국어로 이야기할 생각을 하니까 정말 기대가 되네요.

2. 날씨와 여행 Weather & Travel

❶ 여: 오늘의 날씨를 말씀드리겠습니다. 현재 태풍 '나비'가 올라오고 있습니다. 전국적으로 비가 내리고 있는데요. 특히 부산은 태풍의 영향으로 밤사이 많은 비가 내리고 바람도 심하게 불겠습니다. 천둥 번개가 치는 곳도 있겠습니다. 산이나 바닷가에 계신 분들도 있을 텐데요. 지금 바로 안전한 곳으로 피하셔야겠습니다. 나무가 쓰러지고 간판이 떨어질 수 있으니 가능하면 외출을 하지 마시고 실내에서 일기 예보를 확인해 주시기 바랍니다.

❷ 남: 이번 여름휴가 때 특별한 계획이 있어요?
여: 대학 동창이 갑자기 해외여행을 가고 싶다고 해서 여행지를 알아보는 중이에요.
남: 정말 좋겠네요. 어디로 갈 거예요?
여: 친구가 바다를 보고 싶대요. 그래서 발리에 가려고 해요. 참, 하이 씨도 발리로 여행 갔다 왔지요? 가 보니까 어땠어요?
남: 여행 갔을 때 계속 비가 내려서 구경을 잘 못했어요. 하지만 맛있는 음식도 먹고 요가도 배웠어요. 마지막 날 비가 오다가 날씨가 활짝 갰는데 그 풍경을 지금도 잊을 수가 없어요.
여: 그래도 여행하는 동안 날씨가 맑았으면 더 좋았을 텐데 좀 아쉬웠겠어요.
남: 그건 그래요. 그런데 휴가가 2주 뒤라고 하지 않았어요? 휴가가 얼마 남지 않았는데 비행기표를 예약할 수 있을까요? 요즘 여행 가는 사람들이 많아서 표가 없을 텐데요.
여: 그래요? 그럼 어떡하지요? 지금 바로 확인해 봐야겠어요.

❸ 여: 여보세요? 하루야, 우리 발리에 못 가게 됐어.
남: 아니, 왜? 무슨 일이 생겼어?
여: 발리로 가는 비행기표가 하나도 안 남았대. 여행사에 알아보니까 성수기에는 두 달 전에 예약을 해야 한대.
남: 그렇구나. 할 수 없지, 뭐. 그럼 제주도는 어때? 제주도 가는 비행기표는 있을 텐데….
여: 그래. 좋아. 내가 비행기표를 예약할 테니까 너는 숙소를 좀 알아봐. 공항 근처에 좋은 호텔이 많다고 들었어.
남: 공항 근저 호텔은 좀 복잡하고 시끄러울 텐데 바나가 보이는 조용한 펜션은 어때?
여: 펜션도 좋은데? 근데 일기 예보를 확인해 보니까 지금 제주도에 태풍이 올라오고 있대. 바람이 심하게 불면 비행기가 결항할 텐데….
남: 우리 휴가는 다음 주니까 괜찮을 거야. 제주도 가서 뭘 할까?
여: 내 친구가 제주도에서 고기국수를 먹었는데 정말 맛있었대. 우리도 먹어 보자.
남: 그러자. 나도 제주도 고기국수가 유명하다고 들었어. 우리 우도에도 갈까? 제주도 옆에 있는 섬인데 경치가 정말 아름답대.
여: 좋아. 여행 갈 생각을 하니까 너무 설렌다.

듣기 지문 **171**

3. 인터넷 콘텐츠 Internet Content

❶ 남: 이번 주에 새로 시작하는 프로그램을 소개해 드리는 시간입니다. 토요일 저녁 8시 드라마 '가족'이 방송됩니다. 이 드라마는 여행지에서 우연히 만난 사람들이 가족처럼 가까운 사이가 되는 내용입니다. 낯선 곳으로 여행 온 두 사람은 도착하자마자 한 아이를 만납니다. 그리고 강아지를 찾아 달라는 아이의 부탁을 들어 주면서 서로 친해집니다. 드라마 '가족'이 주말 저녁 아름다운 영상과 가슴 따뜻해지는 내용으로 여러분을 찾아갑니다.

❷ 여: 뭘 그렇게 재미있게 보고 있어?
남: 아, 이거? 요즘 인기 있는 영상인데 동생이 꼭 보라고 알려 줬어. 여기에 나오는 사람이 음식을 맛있게 먹기로 유명하대.
여: 그런 걸 '먹방'이라고 하지? 사실 나는 이렇게 먹는 모습을 방송에서 보여 주는 게 이해가 잘 안돼. 친구가 보라고 해서 몇 번 봤는데 지루해서 보다가 그만뒀어.
남: 그래? 나는 먹방을 자주 봐. 내가 직접 먹지 않아도 음식의 맛을 상상해 볼 수 있어서 재미있어. 너는 어떤 영상을 자주 보는데?
여: 나는 요즘 '세상의 모든 직업'이라는 영상을 보고 있어. 다양한 직업을 가진 사람들의 이야기를 듣는 게 흥미로워. 어제는 비행기 조종사가 나왔어.
남: 그래? 수업 끝나자마자 한번 찾아 봐야겠다.

❸ 남1: 여러분 안녕하십니까? '시청자의 생각'입니다. 예능 프로그램 '정글 탐험'이 색다른 내용으로 눈길을 끌고 있는데요. 이번 주에는 '정글 탐험'에 대한 시청자분들의 의견을 직접 들어 보겠습니다.
여: 최근에 '정글 탐험'을 즐겨 보고 있는데요. 저희 아이가 매일 틀어 달라고 해요. 아름다운 풍경과 다양한 동물들이 나와서 어른도 아이도 좋아하는 것 같아요.
남2: 맞아요. 그리고 처음 만난 사람들이 낯선 곳에서 함께 지내는데요. 힘든 상황 속에서 먹을 음식을 구하고 집 짓는 모습이 대단해 보여요. 그런데 지난번 방송에서 출연자들이 정글에 도착하자마자 커다란 악어를 만나는 장면은 좀 위험해 보였어요.
여: 저도 출연자들이 즐겁고 안전하게 생활하는 모습이 더 많이 방송돼야 한다고 생각해요. '정글 탐험'은 예능 프로그램이니까요.
남1: 시청자 게시판에도 비슷한 의견이 많았는데요. 프로그램의 재미도 중요하지만 안전하게 촬영하는 것이 더 중요할 것 같습니다.

4. 약속과 만남 Plans & Meetups

❶ 여: '재미있는 한국어' 시간입니다. 오늘은 몽골에서 온 바트 씨의 사연을 읽어 보겠습니다.
제가 한국에 처음 왔을 때 한국어가 서툴러서 생긴 재미있는 일들이 많은데요. 그중에서 잊지 못할 말은 "밥 한번 먹자."예요. 한번은 친구가 우리 반 친구들에게 나중에 밥이나 한번 먹자고 했어요. 그런데 다들 알겠다고만 하고 아무도 만날 날짜를 말하지 않았어요. 저는 친구가 기분 나쁠까 봐 다음 주에 시간이 있다고 했어요. 그러자 친구들이 모두 웃었어요. 그때는 '밥 한번 먹자'가 인사처럼 하는 말이라는 걸 몰랐어요. 하지만 한국 생활에 익숙해져서 지금은 그 말이 어떤 뜻인지 알아요.
바트 씨, 재미있는 사연 보내 주셔서 감사합니다.

❷ 남: 여보세요? 아야나, 지금 어디야? 혹시 출발했어?
여: 아니. 아직. 10분 후에 나가려고.
남: 다행이다. 미안한데 우리 약속을 좀 미룰 수 있을까?
여: 왜? 무슨 일 있어?
남: 배탈이 나서 못 나갈 것 같아. 금방 괜찮아질 거라고 생각했는데 계속 아프네.
여: 많이 아파? 미술관은 다음에 가도 괜찮으니까 오늘은 약 먹고 푹 쉬어.
남: 고마워. 그럼 우리 내일 만날까?
여: 내일은 주말이라서 미술관이 붐빌 것 같아. 다음 주 화요일 오후는 어때?
남: 화요일도 좋아. 그날은 아무 약속도 없어. 어? 근데 화요일에 미술관 휴관이래.
여: 그래? 그럼 어떡하지?
남: 그냥 그날 만나서 같이 점심이나 먹자. 오늘 약속 못 지켜서 미안해.

❸ 여: 안녕하세요? 제주호텔입니다. 무엇을 도와드릴까요?
남: 예약을 변경하고 싶어요. 안개 때문에 오늘 저희가 타기로 한 비행기가 결항했어요.
여: 우선 예약하신 분 성함을 말씀해 주시겠습니까?
남: 최준수예요.
여: 감사합니다. 오늘부터 1박 2일 예약하셨지요?
남: 네, 맞아요. 혹시 내일로 예약을 바꿀 수 있을까요?
여: 확인해 보겠습니다. 고객님께서는 침대가 3개 있는 방을 예약해 주셨는데요. 내일은 2인용 침대와 1인용 침대가 있는 방만 남아 있습니다. 괜찮으신가요?
남: 네. 괜찮아요. 그 방에서도 바다가 보이나요?
여: 죄송합니다. 지금은 호텔 뒤 건물이 보이는 방만 남아 있습니다.
남: 내일도 날씨가 안 좋을 거라고 해서 방에서 바다나 보려고 했는데…. 어쩔 수 없지요, 뭐. 그냥 그 방으로 예약해 주세요.
여: 네. 그럼 내일로 예약을 바꿔 드리겠습니다. 셔틀버스도 다시 예약해 드릴까요?
남: 네. 그렇게 해 주세요. 그리고 셔틀버스 타는 곳 좀 자세히 알려 주시겠어요? 저희 중에 제주도에 가 본 사람이 아무도 없어서요.
여: 타는 곳은 문자로 안내해 드리겠습니다. 셔틀버스는 매시간 정각에 출발합니다.

5. 음식과 조리법 Food & Recipes

❶ 남: 요즘 공부나 일 때문에 아침 식사를 거르는 분들이 많으시죠? 입맛이 없다고 그냥 굶고 계신가요? 그러지 마시고 매일 아침 '꿀떡'으로 간편하게 식사를 해결해 보세요. '꿀떡'은 고소하고 달콤한데요. 겉은 쫄깃쫄깃하고 속은 아주 부드럽습니다. 드셔 보신 분들은 누구나 떡이 이렇게 맛있을 줄 몰랐다고 말씀하십니다. 언제 어디에서나 편하게 드실 수 있도록 한 개씩 포장해서 보내 드립니다. 지금 바로 '꿀떡'을 주문해 보세요.

❷ 여: 팀장님, 이번에 회사에 새로 들어온 히엔 씨를 위해서 환영회를 열어 주기로 했는데요. 한국 음식 중에 고기가 안 들어간 음식이 있으면 좀 알려 주시겠어요?
남: 마리 씨는 한국 음식은 무슨 음식이나 잘 먹지 않아요?
여: 저는 괜찮은데요. 히엔 씨가 고기가 들어간 음식을 전혀 못 먹는다고 해서요. 환영회 때 다 같이 한국 음식을 먹기로 했는데 고기만 빼고 다 먹을 수 있다고 하네요.
남: 음, 해물파전이 어떨까요?
여: 해물파전은 처음 들어 보는데 어떤 음식인가요?
남: 밀가루에 해물과 파를 넣어서 만든 음식이에요. 오징어나 새우를 넣어서 만드는데 고소하고 바삭해서 누구나 좋아하는 음식이지요.
여: 우와, 정말 맛있겠네요. 벌써 군침이 도는 것 같아요. 고기가 안 들어간 음식이 또 있을까요?
남: 야채를 넣은 비빔밥이나 해물이 들어간 칼국수 같은 음식도 괜찮을 것 같네요.
여: 감사합니다. 고기가 안 들어간 한국 음식이 이렇게 많을 줄 몰랐어요. 식당이 정해지면 다시 말씀드릴게요.

❸ 여: 다리가 너무 아파. 이렇게 오래 기다릴 줄 몰랐어. 맛있겠지?
남: 당연하지. 이 집이 진짜 유명한 맛집이래. 블로그에서 봤는데 언제나 사람이 많다고 들었어.
여: 네가 이 집 김밥이 하도 맛있다고 해서 일부러 아침도 안 먹고 왔어. 어, 이제 들어간다.
남: 뭘 주문할까? 사람들이 이 집 음식은 무엇이나 다 맛있대.
여: 우선 계란김밥하고 불고기김밥을 시켜서 같이 나눠 먹자. 둘 다 맛보고 싶어.
남: 먹어 보니까 계란김밥에 고추가 들어가서 약간 매콤하네?
여: 나는 계란김밥이 느끼할 줄 알았어. 그런데 정말 맛있다.
남: 불고기김밥도 진짜 맛있어. 고기가 정말 연하고 부드러워.
여: 우리 여기 오길 잘했다. 집에 갈 때 포장해서 가져가야겠어. 룸메이트가 김밥을 아직 못 먹어 봤다고 했어.
남: 그거 좋은 생각이다. 이 김밥은 누구나 다 좋아할 것 같아.

6. 여가 생활 Leisure Life

❶ 여: 오늘도 어깨가 아프신가요? 나쁜 자세로 오랫동안 앉아 계셨나 보네요. 지금부터 다 같이 허리부터 등까지 쭉 펴 볼까요? 하고 있는 일을 잠시 멈추고 의자에 앉아 양손을 무릎 위에 올리세요. 다리는 꼬지 말고 발바닥을 땅에 붙이세요. 이제 눈을 감고 숨을 깊게 마셨다가 천천히 뱉으세요. 자, 어떠세요? 무거운 어깨가 조금 가벼워지셨나요? 이렇게 바른 자세로 숨을 깊게 쉬면 긴장이 풀리고 마음이 편안해집니다.

❷ 남: 아직도 동아리 공연 연습 중이야? 걱정이 많이 되나 보네.
여: 응. 다 같이 연습할 때 나만 자꾸 실수하는 것 같아서. 나는 정말 몸치인가 봐.
남: 그럼 나랑 같이 연습해 보자. 내가 먼저 해 볼 테니까 잘 보고 따라 해 봐. 먼저 다리를 약간 벌리고 서서 왼손을 허리에 대. 그다음에 왼발을 들면서 오른팔을 굽혔다가 위로 쭉 뻗어.
여: 이렇게 하면 되는 거야?
남: 응. 맞아. 반대쪽도 똑같이 하면 돼.
여: 이번에는 내가 한번 해 볼게. 오른손을 허리에 대고 오른발을 들면서 왼팔을 굽혔다가 위로 쭉 펴면 되는 거지?
남: 맞아. 이제 잘하네. 이번에는 음악에 맞춰서 다시 한번 연습해 보자.
여: 정말 고마워. 네 덕분에 응원 동작에 조금 자신이 생겼어.

❸ 남: 오늘은 지난 시간에 이어서 팔 동작을 배워 보겠습니다. 지금부터 저를 보고 따라 해 보세요. 이렇게 팔을 쭉 뻗은 상태에서 크게 돌리면 됩니다. 한쪽을 먼저 돌리고 그다음에 반대쪽 팔을 돌립니다.
여: 이렇게 하면 될까요?
남: 네. 아주 잘하셨어요.
여: 선생님. 그런데 옆에서 수영하는 사람들은 팔을 굽혔다가 펴면서 가는데요.
남: 네. 맞습니다. 지금 이 동작이 익숙해지면 팔을 굽혔다가 펴는 동작을 배울 겁니다. 쉬운 동작부터 천천히 배우는 것이 더 좋습니다.
여: 그렇군요.
남: 그럼 이제 물에 들어가서 지난 시간에 배운 발차기와 함께 해 볼까요? 와, 연습을 열심히 하셨나 보네요. 지난 시간보다 자세가 훨씬 좋아지셨어요. 수영에 재능이 있으신 것 같아요.
여: 감사합니다. 아직 수영을 배운 지 얼마 안 됐지만 정말 재미있어요. 몸도 건강해지는 것 같고요.

7. 소비와 절약 Spending & Saving

❶ 남: 물건을 살 때 가격 때문에 구입할까 말까 망설이시는 편입니까? 예전에는 무조건 소비를 줄이고 돈을 아끼는 것이 좋다고 생각하는 사람들이 많았습니다. 그런데 요즘 이런 생각이 바뀌고 있는 것 같습니다. 최근 소비에 대한 설문 조사에서 20~30대의 70%가 자신의 행복을 위해 여행이나 쇼핑, 취미 생활 등에 돈을 아끼지 않는다고 대답했습니

다. 힘들게 저축한 돈으로 원하는 것을 하는 게 전혀 아깝지 않다고도 했습니다. 여러분은 이런 변화에 대해 어떻게 생각하십니까? 지금까지 SBN 박진우였습니다.

❷ 남: 무슨 고민 있어?
여: 모레 갑자기 면접을 보게 됐는데 정장을 어디서 사야 할지 모르겠어. 인터넷 쇼핑몰에서 마음에 드는 옷을 찾았는데 배송이 늦을 것 같아서 주문할까 말까 고민하고 있어.
남: 그럼 백화점에 가 볼래? 나는 인터넷보다는 백화점에서 옷을 자주 사는 편이야. 백화점에서는 옷을 직접 입어 보고 살 수 있어서 좋아.
여: 근데 백화점은 비싸지 않아? 나는 인터넷 쇼핑몰을 이용하는 편이야. 물건도 다양하고 값도 싸거든. 게다가 시간도 절약할 수 있어서 좋아.
남: 그렇기는 하지만 세일 기간에 쇼핑을 하거나 카드 할인을 받으면 백화점에서도 물건을 싸게 살 수 있어. 그리고 상품에 문제가 있을 때 편하게 환불받을 수도 있고. 지금 시간이 부족하니까 백화점에 한번 같이 가 볼래? 이미 인터넷에서 어떤 옷을 사야 할지 찾아 봤으니까 금방 고를 수 있을 거야.
여: 그럼 그럴까?

❸ 남: 오늘은 1인 방송 '절약왕'으로 큰 인기를 끌고 있는 김지연 씨를 모시고 절약 방법에 대해 알아보겠습니다. 김지연 씨, 어서 나와 주세요.
여: 네. 안녕하세요. 반갑습니다.
남: 먼저 어떻게 절약을 하고 계신지 궁금합니다.
여: 사회자님은 장을 보실 때 주로 어떤 제품을 구입하시나요?
남: 저는 많이 사면 할인을 해 주는 제품이나 하나를 사면 하나를 더 주는 제품을 구입하는 편입니다.
여: 하나 가격에 여러 개를 사는 게 돈을 절약하는 방법이라고 생각하는 분들이 많은데요. 이건 잘못된 생각입니다. 특히 음식은 쉽게 상하기 때문에 많이 사는 건 오히려 낭비입니다.
남: 그래도 꼭 사야 할 것들인데 싸게 사는 게 좋지 않을까요?
여: 사과를 사러 갔다가 다른 과일까지 사 오신 경험이 있으실 겁니다. 사과 옆에서 바나나를 싸게 팔면 살까 말까 고민하다가 결국 바나나도 사게 되지요. 그래서 다 못 먹고 버리는 일이 생깁니다.
남: 네. 맞습니다. 저도 그런 경험이 있습니다.
여: 무조건 안 먹고 안 사는 게 절약의 방법은 아닙니다. 하지만 필요 없는 걸 안 사야 돈을 아낄 수 있습니다.
남: 그렇군요. 앞으로 똑똑하게 소비하는 방법을 배워야겠습니다.

8. 한국 생활 Life in Korea

❶ 여: 주민 여러분, 안녕하십니까? 관리 사무소에서 안내 말씀 드립니다. 우리 아파트 재활용 쓰레기 버리는 날은 일요일과 수요일입니다. 재활용 쓰레기는 꼭 정해진 요일에 버려 주시기 바랍니다. 그리고 일반 쓰레기는 반드시 쓰레기봉투에 넣어서 버려 주셔야 합니다. 집 앞이나 비상구 계단에 쓰레기를 내놓지 마시고 꼭 정해진 장소에 버려 주시기 바랍니다. 함께 사는 이웃에게 피해를 주지 않도록 우리 모두 노력합시다. 감사합니다.

❷ 여: 누구세요?
남: 안녕하세요. 아래층에 사는 세입자인데요.
여: 안녕하세요. 샤오밍 학생 맞지요? 무슨 일이에요?
남: 지금 저희 집 화장실 천장에서 물이 새고 있어요.
여: 어머, 그래요? 언제부터 그랬어요?
남: 어제까지는 괜찮았는데 오늘 아침에 화장실에 가 보니까 바닥이 젖어 있더라고요.
여: 물이 많이 새요?
남: 네. 천장에서 물이 뚝뚝 떨어져요. 점점 더 심해지는 것 같아요.
여: 불편해서 어떡해요. 아마 우리 집 화장실 하수구가 막혀서 그럴 거예요. 내가 물이 새지 않도록 지금 당장 수리 기사에게 전화할게요.
남: 빨리 좀 부탁드립니다. 화장실을 사용하기가 불편해서요.
여: 미안해요, 샤오밍 학생. 혹시 물이 새서 불편하면 우리 집 화장실을 써도 돼요.
남: 아니에요. 제가 오늘 하루 종일 수업이 있어서 지금 나가 봐야 해요. 그럼 잘 부탁드립니다.

❸ 남: 안으로 들어오셔서 편하게 구경하세요.
여: 집은 좀 좁지만 깔끔하네요.
남: 전에 여기서 사시던 분이 수리를 하고 들어오셔서 다른 집보다 훨씬 깨끗한 편이에요.
여: 물은 잘 나오지요? 전에 살던 곳이 높은 층이었는데 물이 잘 안 나와서 불편하더라고요.
남: 그럼요. 꼭대기 층이지만 그런 문제는 없어요. 한번 직접 틀어 보세요.
여: 잘 나오네요. 어, 그런데 물이 잘 안 내려가네요. 세면대가 막혔나 봐요.
남: 그러네요. 이사 오시기 전까지는 꼭 고쳐 놓도록 집주인에게 이야기해 놓겠습니다.
여: 꼭대기 층이라서 조용해서 좋네요. 전에 살던 곳은 층간 소음이 심해서 스트레스를 많이 받았거든요.
남: 여기는 굉장히 조용한 편이에요.
여: 관리비는 얼마나 나오나요? 월세에 전기 요금이나 수도 요금도 포함되어 있나요?
남: 관리비는 12만 원쯤 나올 거예요. 전기 요금과 수도 요금은 포함되어 있고요. 가스 요금만 따로 납부하시면 돼요.
여: 그렇군요. 혹시 다른 집도 구경해 볼 수 있을까요?
남: 네. 그럼요.

9. 사건과 사고 Incidents & Accidents

❶ 남: 고객 여러분께 백화점 이용에 대한 안내 말씀 드리겠습니다. 최근 에스컬레이터에서 걷거나 뛰다가 사고가 나는 경우가 많습니다. 에스컬레이터를 이용하실 때는 반드시 손잡이를 잡아 주시기 바랍니다. 특히 비가 오는 날에는 에스컬레이터에 우산이 끼이거나 미끄러지는 사고가 발생할 수 있으니 조심해 주시기 바랍니다. 어린이나 노약자는 보호자와 함께 이용해 주시고, 내리실 때 앞사람과 부딪치지 않도록 주의하시기 바랍니다. 또 유모차를 가지고 이동하시는 분들은 엘리베이터를 이용해 주시기 바랍니다. 편안하고 즐거운 쇼핑하시기 바랍니다. 감사합니다.

❷ 여: 여보세요.
남: 마리 씨, 저 하이예요. 오늘 마리 씨가 다쳤다는 이야기를 듣고 많이 놀랐어요. 몸은 좀 어때요?
여: 심하게 다친 건 아니에요. 의사 선생님이 집에서 며칠만 쉬면 금방 나을 거랬어요.
남: 다행이네요. 그런데 어쩌다가 다리를 다쳤어요?
여: 어제 계단을 내려가다가 넘어졌어요.
남: 네? 계단에서 넘어졌다고요?
여: 사무실 복도에 불이 꺼져 있어서 많이 어두웠거든요.
남: 정말 큰일 날 뻔했네요.
여: 걱정해 줘서 고마워요. 하이 씨도 요즘 일이 많아서 야근을 자주 한다고 들었는데 건강 잘 챙기세요.
남: 네. 고마워요. 마리 씨, 몸조리 잘하세요.

❸ 여: 무더운 여름, 물놀이를 계획하고 계신 분들이 많을 텐데요. 오늘은 안전 교육 전문가를 모시고 여름철 물놀이 사고를 예방할 수 있는 방법을 알려 드리겠습니다. 안녕하세요, 선생님. 저는 어렸을 때 물놀이를 하기 전에는 꼭 준비 운동을 해야 한다고 배웠는데요.
남: 네. 맞습니다. 수영을 하기 전에는 반드시 준비 운동을 하고 물에 들어갈 때에는 다리, 팔, 얼굴 순서로 물을 적셔야 합니다.
여: 그렇군요. 또 주의해야 할 점이 있을까요?
남: 배가 고프거나 몸이 안 좋을 때에는 절대로 수영을 하면 안 됩니다. 그리고 강이나 바다에서 혼자서 수영을 하는 것도 위험합니다. 가족이나 친구와 함께 수영하도록 합시다.
여: 물놀이를 하다가 물에 빠진 사람을 발견하면 어떻게 해야 하나요?
남: 수영에 자신이 없으면 무리해서 구조하지 않아야 합니다.
여: 네? 구조하면 안 된다고요? 그러다가 정말 큰 사고가 나면 어떡하죠?
남: 먼저 주위에 사고를 알리고 119에 신고해야 합니다. 그리고 튜브나 긴 막대기 같은 물건을 이용해서 구조하는 것이 좋습니다.
여: 네. 잘 알겠습니다. 오늘 말씀 감사합니다.

Answer Key
모범 답안

1. 새로운 출발 New Start

듣기 p. 28

듣기 1

- 기간: 5월 16일부터 20일까지
- 춤 공연 안내
- 일시: 5월 17일 화요일, 오후 4시
- 장소: 대강당

2 ③

듣기 2 1
- ☑ 빨래는 밤 9시 전에 해야 함.
- ☑ 기숙사는 밤 11시에 문을 닫음.
- ☐ 식사는 밤 10시까지 할 수 있음.

2 ③

듣기 3 1 ③   2 ①

읽기 p. 31

읽기 1 1) ○   2) ○   3) ×

읽기 2 1 ③
2
- 신입생 환영회에는 꼭 가는 게 좋다고 한다. 왜냐하면 교수님과 선배들, 같은 과 친구들을 만날 수 있는 좋은 기회이기 때문이다.
- 동아리 활동을 하면 한국 생활에 적응할 수 있다고 한다. 그리고 한국에 금방 정이 들 것이라고 한다.

읽기 3 1 에릭 이 선우 에게 쓴 편지
2 ③
3 ②

2. 날씨와 여행 Weather & Travel

듣기 p. 44

듣기 1 1 ①
2
- 산이나 바닷가에 있는 사람들은 안전한 곳으로 피해야 한다.
- 가능하면 외출을 하지 말고 실내에서 일기 예보를 확인해야 한다.

듣기 2 1 ②   2 ②

듣기 3 1 ②
2

제주도 여행	
숙소	(바다가 보이는 조용한) 펜션
음식	고기국수
관광지	우도

읽기 p. 47

읽기 1 1 여행지를 추천받기 위해
2 1) ×   2) ×   3) ○

읽기 2 1 ②   2 ①

읽기 3 1 ②   2 ①, ②

3. 인터넷 콘텐츠 Internet Content

듣기 p. 60

듣기 1 1 새로 시작하는 드라마
2 ③

듣기 2 1 ②
2 다양한 직업을 가진 사람들의 이야기

듣기 3 1 ①   2 ③   3 ①

읽기 p. 63

읽기 1 1) ×   2) ×   3) ○

읽기 2 1 ②   2 ②

읽기 3 1
① →	마이클
② →	6월 7일 새벽 4시, 호주
③ →	불이 난 집에서 강아지가 주인을 구했다.
④ →	마이클은 입원했고 토토는 이웃집에서 돌봐 주기로 했다.

2 ③

4. 약속과 만남 Plans & Meetups

듣기 p. 76

듣기 1 1) ×   2) ○   3) ×

듣기 2 1 약속을 미루려고
2 ③

듣기 3	**1** 안개 때문에 비행기가 결항해서
	2 ②
	3 ②

읽기 p. 79

읽기 1	1) ✕ 2) ○ 3) ✕

읽기 2	**1** ↳ 나무에는 아름다운 장식이 달려 있어요.
	↳ 벽에는 유명한 화가의 그림과 포스터가 걸려 있어요. 포스터에는 '행복한 하루'라고 쓰여 있어요.
	↳ 테이블 위에는 꽃병과 컵이 놓여 있어요. 스튜디오 안에 소파와 의자도 놓여 있어요.
	2 ③

읽기 3	**1** ① **2** ②

5. 음식과 조리법 Food & Recipes

듣기 p. 92

듣기 1	**1** 꿀떡 **2** ①
듣기 2	**1** ② **2** ②
듣기 3	**1** ① **2** ③ **3** ②

읽기 p. 95

읽기 1	1) ○ 2) ✕ 3) ✕

읽기 2	**1** ① **2** (1)-(4)-(2)-(3)

읽기 3	**1** ②
	2 재료: 소고기, 쌀국수, 양파, 파, 고추
	만드는 방법:
	1) 냄비에 물을 붓고 고기와 양파, 파를 넣고 끓인다.
	2) 국수를 삶아서 찬물에 씻는다.
	3) 국수에 국물을 붓고 썰어 놓은 고기를 올린다.
	4) 숙주나 양파, 고수를 넣는다.

6. 여가 생활 Leisure Life

듣기 p. 108

듣기 1	**1** 몸과 마음이 편안해지는 스트레칭 방법
	2 ②

듣기 2	**1** ① **2** (2)→(1)→(3)

듣기 3	**1** ③ **2** ① **3** ①

읽기 p. 111

읽기 1	1) ✕ 2) ○ 3) ○

읽기 2	**1** ② **2** ①

읽기 3	**1** 나무판에 금속으로 된 가늘고 긴 판이 여러 개 달려 있다.
	2 ③
	3 ②

7. 소비와 절약 Spending & Saving

듣기 p. 124

듣기 1	**1** ③ **2** ①

듣기 2	**1**	남자	여자
		백화점	인터넷 쇼핑몰
		1. 옷을 직접 입어 보고 살 수 있다.	1. 물건이 다양하고 값이 싸다.
		2. 편하게 환불을 받을 수 있다.	2. 시간을 절약할 수 있다.
	2 ①

듣기 3	**1** ③ **2** ③ **3** ②

읽기 p. 127

읽기 1	1) ○ 2) ✕ 3) ✕

읽기 2	**1** 전자 피아노 **2** ①

읽기 3	**1** ② **2** ③

8. 한국 생활 Life in Korea

듣기 p. 140

듣기 1	**1** 아파트 주민들에게 쓰레기 버리는 방법을 안내하기 위해
	2 1) ✕ 2) ○ 3) ✕

듣기 2	**1** 화장실 천장에서 물이 새고 있어서
	2 ②

듣기 3	**1** • 집이 좁지만 깔끔하다.
	• 물이 잘 나온다.
	• 세면대가 막혀서 물이 잘 안 내려간다.
	• 꼭대기 층이라서 조용한 편이다.
	2 ① **3** ②

모범 답안 177

읽기			p. 143

읽기 1 **1** 식당에서 음식을 나눠 먹지 않고 자기가 시킨 음식만 먹어서

읽기 2 **1** 외국인 글짓기 대회 대상 수상자
         2 ①

읽기 3 **1** ①   **2** ③

9. 사건과 사고 Incidents & Accidents

듣기			p. 156

듣기 1 **1** ③   **2** ②

듣기 2 **1** 계단을 내려가다가 넘어져서
         2 ②

듣기 3 **1** ②   **2** ①   **3** ①

읽기			p. 159

읽기 1 ②

읽기 2 **1** ③   **2** ①

읽기 3 **1** 손바닥만 한 은색 카메라
         2 ①

Glossary 어휘 색인

ㄱ

가늘다	to be thin	113
가능하다	to be possible	44
가득하다	to be full	65, 72
가슴을 펴다	to straighten one's chest	104
가죽	leather	111
간단하다	to be simple	90
간장	soy sauce	95
간편하다	to be convenient	92
갈다	to grind	96
감독	director	63
감동을 받다	to be moved	62
감동을 주다	to move one's heart	62
감상하다	to watch	26
강의를 듣다	to attend a lecture	30
개강 모임에 참석하다	to attend the beginning of class gathering	30
거래하다	to trade	126
거칠다	to be rough	158
건반을 누르다	to press keys	110
검색하다	to search	111
겉옷	outerwear	42
게다가	moreover	113
결정되다	to be determined	63
결제하다	to pay	126
결항하다	to be canceled	45
경영학	Business Administration	31
경제학을 전공하다	to major in Economics	30
곁	by one's side	65
계획을 변경하다	to change plans	46
계획이 취소되다	plan is canceled	72
고급	advanced level	112
고기국수	pork noodle soup	45
고래	whale	127
고소하다	to be toasty/nutty	88
고수	cilantro (coriander)	97
고추	chili pepper	97
곤란하다	to be difficult	124
공간	space	147
공과금을 납부하다	to pay the utility bill	136
공동주택	multi-family residential	147
공예를 배우다	to learn crafts	110
과소비하다	to overspend	120
과속을 하다	to speed	152
굉장히	extremely	141
교통사고가 나다	to get into a car accident	152
교훈	moral	133
구급차	ambulance	65
구독자	subscriber	67
구매자	buyer	127
구멍	hole	114
구입하다	to buy	126
구조하다	to rescue	157
국내 여행	domestic travel	44, 46
국물이 시원하다	broth hits the spot	90
군침이 돌다	to be salivating	92
굶다	to starve	92
굽다	to grill	94
궁중떡볶이	royal court rice cakes	89
귀찮다	to be troublesome	129
그대로	to be untouched	145
그럴 리가 없다	it cannot be	62
그럴 수 있다	it can be	62
그림을 감상하다	to admire a painting	46
그만두다	to stop	60
근육 운동	muscle exercise	99
근육을 풀다	to relieve muscle tension	106
글을 올리다	to post a review	136
금속	metal	113
기대를 하다	to anticipate	90
기사가 실리다	article is published	63
긴장이 풀리다	tension eases	108
깁스를 하다	to get a cast	152
깊다	to be deep	108
깔끔하다	to be clean	78
깜빡거리다	to flicker	139

깨다	to awake	65
꺼지다	to extinguish	65
꼭대기	top	141
꽤	quite	129
꿀	honey	92
꿰매다	to stitch	152
끈	strap	161
끓이다	to heat	94
끼우다	to screw	139

ㄴ

나눠 먹다	to share (food)	143
나무를 깎다	to carve wood	110
나무판	wooden board	113
나타나다	to appear	63
난방	heating system	139
날씨가 개다	weather clears up	40
남다	to be left over	120
낭비하다	to waste	120
낯설다	to be unfamiliar with	24
내용이 지루하다	content is boring	56
냄비	pot	97
넘다	to pass	145
네모	square	158
노약자	the elderly and weak	156
놀라다	to be surprised	62
눈길을 끌다	to grasp one's attention	56
눈썰매	snow sled	42
눈을 감다	to close one's eyes	108
눈이 그치다	snowing stops	40
뉴스에 나오다	to appear on the news	62
느끼하다	to be oily	88
늘다	to increase	120

ㄷ

다듬다	to trim	94
다리를 벌리다	to spread one's legs	104
다양하다	to be various	78

다이어트를 하다	to go on a diet	99
다지다	to mince	94
다큐멘터리	documentary	58
다투다	to argue	142
달걀	egg	95
달리다	to be hung	159
달콤하다	to be sweet	91
담백하다	to be light/clean	90
당일	same-day	49
당일 여행	same-day travel	49
당장	immediately	49
대강당	auditorium	28
대상	grand prize	144
대신	instead of	95
대여하다	to rent	80
데다	to be burned	163
도난을 당하다	to be robbed	158
독자	reader	144
돌려받다	to recover	160
돌려주다	to return	158
동그라미	circle	158
동작	motion	106
동창	alumnus/alumna(alum)	44
두드리다	to knock	147
두부	tofu	99
둘러보다	to look around	49
둥글다	to be round	158
등	light	160
딱딱하다	to be hard	158
딱 맞다	to fit perfectly	47
딸기를 따다	to pick strawberries	42
떨리다	to be nervous	24
(간판이) 떨어지다	(sign) to fall	40
떼다	to uncover	114
뚝뚝	drip, drip (sound)	140

ㄹ

렌즈	lens	161

ㅁ

마련되다	to be provided	140
마름모	rhombus	158
마음껏	to one's heart's content	27
막다	to cover	114
막대기	stick	157
만족하다	to be satisfied with	24
말도 안 되다	to be absurd	62
맛보다	to taste	81
망설이다	to hesitate	124
매끄럽다	to be smooth	158
매번	every time	112
매시간	every hour	77
매진	sold out	41
매콤하다	to be spicy	88
맨	very	161
먹방	Mukbang (eating show)	60
멀쩡하다	to be in good shape	126
멈추다	to stop	108
멋지다	to be cool	27
명함	business card	162
명화	famous painting	111
모임에 나가다	to attend a gathering	29
모임이 연기되다	gathering is postponed	72
모자라다	to be short on	120
목을 돌리다	to rotate one's neck	104
목표	goal	122
몸을 젖히다	to lean back	104
몸이 가볍다	body feels light	107
몸조리	recuperation	154
몸치	bad dancer	109
(건물이) 무너지다	(building) to collapse	40
무덥다	to be muggy	157
무조건	unconditionally	124
무척	extremely	43
문병(을) 가다	to go visit a sick/injured person	154
문에 끼이다	to get stuck in between a door	152
문화를 체험하다	to experience the culture	46
물감	paint	115
물놀이	water play	157
물에 빠지다	to fall into the water	152
물을 뿌리다	to spray water	43
물이 새다	water is leaking	136
뭉치다	to have a knot	106
민속 악기	folk instrument	113
믿어지지 않다	to be unbelievable	62
밀가루	flour	92

ㅂ

바구니	basket	160
바느질하다	to sew	110
바닥	floor	140
바른 자세	correct posture	108
바삭하다	to be crispy	88
반대쪽	opposite side	109
반드시	must	156
반복하다	to repeat	106
반응이 나쁘다	response is bad	56
반응이 좋다	response is good	56
반품하다	to return	126
발견하다	to discover	157
발뒤꿈치를 들다	to lift one's heels	104
발리	Bali	44
발바닥	sole	108
발생하다	to occur	156
발차기	kick	109
밥솥	rice cooker	129
방송되다	to be broadcasted	56
배송이 안 되다	delivery is not made	136
뱀에게 물리다	to be bitten by a snake	152
뱉다	to exhale	108
버리기가 아깝다	to feel bad about throwing something away	126
버섯	mushroom	96
번개가 치다	lightning strikes	40
베스트셀러	best seller	57

보관하다	to store	158
보일러	boiler	139
보호자	guardian	156
복도	hallway	157
볶다	to stir-fry	94
볼거리	things to see	52
부딪치다	to bump into	154
부러지다	to break	152
부분	part	26
(창문이) 부서지다	(window) to shatter	40
부족하다	to lack/to not have enough	67, 120
부치다	to fry	94
분실하다	to lose	158
불만족	dissatisfaction	33
불안하다	to be anxious	127
붐비다	to be crowded	72
붓다	to pour	97
비법	secret	96
비상구	emergency exit	140
비상약	first-aid medicine	48
비용	cost	52
비즈	beads	115
뾰족하다	to be sharp	158
삐다	to sprain	105, 152

ㅅ

사고팔다	to buy and sell	127
사과하다	to apologize	142
사교적이다	to be sociable	121
사라지다	to disappear	64
사실	fact	146
사은품	free gift	129
사이좋다	to get along with	142
사진사	photographer	80
삶다	to boil	94
상상하다	to imagine	60
상태	condition	109
상하다	to go bad	125

상황	circumstance	59
새것 같다	to look new	126
새우	shrimp	90
색다르다	to be different	61
색칠하다	to color	110
샘내다	to be jealous	53
서운하다	to be hurt	143
서투르다	to not be good at	24
섞다	to mix	94
선로	track	66
선착순	first come, first serve	112
설레다	to flutter	24
설문 조사	survey	124
설치되다	to be installed	129
성능	performance	129
성수기	peak season	45
세계문화유산	World Heritage	49
세면대가 막히다	sink is clogged	136
세모	triangle	158
세우다	to stand	160
세입자	tenant	138
세탁실	laundry room	28
소나기가 내리다	sudden shower falls	40
소방서	fire station	65
소방차	fire truck	65
소음이 심하다	noise is too loud	136
소중하다	to be precious	161
손을 모으다	to gather one's hands	104
손을 허리에 대다	to stand arms akimbo	104
손잡이	handrail	156
손재주가 없다	to not be dexterous	110
손재주가 있다	to be dexterous	110
솔직히 말하다	to speak frankly	142
솜씨가 뛰어나다	skills are extraordinary	110
수리 기사	repairperson	140
수리하다	to repair	139
수상하다	to be awarded	63
수술하다	to operate	152

수입	income	120
숙이다	to bow	106
숙주	bean sprouts	97
숨	breath	108
숲	forest	58
스케치북	sketchbook	115
스튜디오	studio	80
습관	routine	58
승객	passenger	66
승리	victory	149
시간을 어기다	to not be on time	72
시곗줄	watch strap	159
시청률이 낮다	viewer ratings are low	56
시청률이 높다	viewer ratings are high	56
시청자	audience	61
시티 투어	city tour	49
식단을 조절하다	to watch one's diet	99
식사를 거르다	to skip a meal	92
신고하다	to report	65, 158
신기하다	to be amazed	62
신문에 실리다	to publish in the newspaper	62
신선하다	to be fresh	78
신입생 환영회	freshman welcoming	30
신입 회원	new member	26
신호를 어기다	to run a red light	152
실내	indoors	44
실력	ability/skills	27
실망하다	to be disappointed	142
실천하다	to put something in action	125
싫증이 나다	to get tired of	126
심리	psychology	85
심하다	to be severe	44
싱겁다	to be bland	88
쌀가루	rice flour	99
쌀국수	pho	97
쌀쌀하다	to be chilly	52
썰다	to chop	94
(나무가) 쓰러지다	(tree) to fall down	40
쓰레기봉투	trash bag	140

ㅇ

아끼다	to spare	120
아늑하다	to be cozy	78
악기를 연주하다	to play an instrument	110
악어	crocodile/alligator	61
안개가 끼다	to be foggy	40
안부	regards	33
안전하다	to be safe	61
야외	outdoors	26
약속을 잡다	to make plans	72
약속을 지키다	to keep one's promise	72
양념	seasoning	95
양념장	marinade	96
양념치킨	seasoned chicken	92
양손	both hands	106
양파	onion	96
얻다	to get	31
에너지	energy	131
엘리베이터에 갇히다	to be trapped in an elevator	152
엠티	college retreat	34
여름철	summertime	157
여유롭다	to be easygoing	49
여행지	travel destination	45
연기	smoke	65
연기가 뛰어나다	acting is remarkable	56
연하다	to be tender	88
열쇠고리	key chain	112
영상	above 0°C	40
영상이 멋지다	video is cool	56
영하	below 0°C	40
영향	influence	44
옆구리를 굽히다	to bend sideways	104
예능 프로그램	variety show	58
예방하다	to prevent	157
옐로나이프	Yellowknife	48
오로라	aurora	48

오르골	music box	113
오리	duck	52
오믈렛	omelet	95
오일 파스텔	oil pastel	115
오징어	squid	92
오카리나	ocarina	114
오해를 풀다	to clear up a misunderstanding	142
오해하다	to misunderstand	142
오히려	rather	125
옷차림	attire	84
완성되다	to be completed	96
외식	dine out	123
우도	Udo Island	45
우연히	by chance	60
우쿨렐레	ukulele	111
운동 기구	exercise equipment	129
운전자	driver	154
울퉁불퉁하다	to be bumpy	158
원인	cause	154
위험하다	to be dangerous	157
유람선을 타다	to go on a cruise	46
유모차	stroller	156
유적지	historic site	47
유제품	dairy product	99
은색	silver	161
음악에 맞추다	to follow the music	109
음주 운전을 하다	to drink and drive	152
응원 동작	cheerleading motion	109
의견	opinion	61
의상	costume	80
이벤트	event	67
이웃집	neighbor	65
이해가 되다	to make sense	142
인물	portrait	80
인상적이다	to be impressive	24
인원	number of persons	112
일교차	daily temperature difference	53
일부러	deliberately	93

일정	itinerary	48
일정을 미루다	to postpone an appointment	72
입에 맞다	to be palatable	78
입원하다	to be hospitalized	65
입으로 불다	to blow with one's mouth	110
입이 심심하다	to have the snacking urge	88
입학 설명회	admission information session	30
입학식	admission ceremony	30
잊지 못하다	to be unforgettable	24

ㅈ

자신이 없다	to not confident in	24
자신이 있다	to be confident in	24
자연	nature	48
자유 여행	independent travel	46
작품	work (of art)	112
장면	scene	61
장소를 정하다	to decide on a place	72
장식되다	to be decorated	79
재능이 없다	to have no talent	110
재능이 있다	to have talent	109, 110
재료비	material cost	112
재우다	to marinate	96
잼	jam	91
저렴하다	to be cheap	78
저축하다	to save	120
적다	to write	122
적당하다	to be adequate	120
적시다	to wet	157
적응하다	to adjust	24
전구를 갈다	to change the light bulb	136
전국적	national	44
전기가 나가다	electricity goes out	136
전기 요금이 포함되다	electricity is included	136
전문가	expert	157
전시를 관람하다	to see an exhibition	46
전자 피아노	digital piano	128
전통 공예품	traditional craft	49

절대로	never	157
절약하다	to conserve	120
젓다	to stir	94
정각	sharp	77
정글 탐험	jungle exploration	61
정보 프로그램	informational program	58
정이 들다	to grow attach to someone	24
정확하다	to be accurate	146
정해지다	to be determined	77
젖다	to get wet	140
조리법	recipe	97
조종사	pilot	60
조회 수	views	69
존중하다	to respect	144
졸업식	graduation	30
졸음운전	drowsy driving	154
종강	last day lecture	84
주먹	fist	160
주위	surroundings	157
주의 사항	precaution	156
주의하다	to be careful	156
줄다	to decrease	120
줄을 튕기다	to pluck strings	110
줄이다	to reduce	122
중고	used	121
중급	intermediate level	112
중앙	center	79
중앙아프리카	Central Africa	113
즐겨 보다	to enjoy watching	56
즐기다	to enjoy	43
지겹다	to get sick of	126
지방	province	138
지출	expense	120
직거래	direct transaction	128
직접	personally	127
진행을 잘하다	to be good at emceeing	56
질기다	to be tough	88
집밥	homemade food	57
집을 계약하다	to sign a contract for a house	136
집을 내놓다	to put one's house on the market	136
짖다	to bark	65
짜리	counter for something of such a number/amount	159
쫄깃하다	to be chewy	88
찌다	to steam	94
찢어지다	to be torn	152

ㅊ

착각하다	to be mistaken	142
찬물	cold water	97
채식주의자	vegetarian	99
천	cloth	159
천둥이 치다	thunder roars	40
천장	ceiling	140
체육 대회에 참가하다	to participate in a sports competition	30
초급	beginning level	112
초보자	beginner	112
최고 기온	highest temperature	40
최저 기온	lowest temperature	40
추천하다	to recommend	47
출연자	cast	61
출출하다	to be slightly hungry	88
충분하다	to be enough	120
충분히	sufficiently	106
층간 소음	inter-floor noise	141
치이다	to be run over	153
친구를 부르다	to ask a friend to come out	74

ㅋ

카펫	carpet	48
칼림바	kalimba	113
커다랗다	to be huge	61
케이스	case	112

ㅌ

타코	taco	98
탑승	boarding	48
태도	attitude	144
태풍이 올라오다	typhoon ascends	40
텅 비다	to be empty	72
토르티야	tortilla	98
통신비	cell phone bill	131
퇴원하다	to be discharged from the hospital	65
튀기다	to deep-fry	94
튀김	fried food	90
튜브	tube	157
특이하다	to be unique	78
틀다	to turn on	61
틀림없다	to be certain	62
틀림없이	certainly	28

ㅍ

파	green onion	92
판매자	seller	127
판매하다	to sell	126
팔을 뻗다	to stretch one's arms out	104
패키지여행	package tour	46
펜션	vacation rental	45
편견	prejudice	145
편안하다	to be comfortable	78
펼쳐지다	to spread out	48
평범하다	to be ordinary	78
평평하다	to be flat	158
포기하다	to give up	144
푹	completely into	58
품질이 좋다	to be good quality	126
풍경	scenery	44
프라이드치킨	fried chicken	92
프라이팬	fry pan	96
피하다	to avoid	44
피해를 주다	to cause damage	140
필름	film	161

ㅎ

하도	so	93
하수구를 뚫다	to unclog the drain	136
학과에 지원하다	to apply to a department	30
학생증을 발급받다	to be issued a student ID card	30
학점	Grade Point Average (GPA)	33
한 바퀴	one rotation	106
한산하다	to be uncrowded	72
해물	seafood	92
해물파전	seafood green onion pancake	92
해외여행	international travel	46
핸드백	handbag	112
행운	luck	149
홈 트레이닝	home workout	67
화성	Hwaseong Fortress	49
화재	fire	65
화제가 되다	to be the talk of the town	56
화해하다	to make up	142
활쏘기	archery	49
활짝	fully	44
효과가 있다	to be effective	106
후추	pepper	96
훌륭하다	to be excellent	78
휴가를 떠나다	to go on a vacation	46
휴게실	lounge	159
휴관	closure	76
흙	soil	114
흥미롭다	to be interesting	60
흥미를 느끼다	to feel interest in	62

0~1

| 1인 방송 | one-person broadcasting | 125 |
| 2인용 | two-person | 77 |

집필진 Authors

장소원 Chang Sowon	서울대학교 국어국문학과 교수 Seoul National University Professor at the Department of Korean Language & Literature
	파리 5대학교 언어학 박사 Ph.D. in Linguistics, University of Paris 5
김정현 Kim Junghyun	서울대학교 언어교육원 대우전임강사 Seoul National University LEI Full-time Instructor
	국립공주대학교 국어교육과 박사 Ph.D. in Korean Language Education, Kongju National University
김민희 Kim Minhui	서울대학교 언어교육원 대우전임강사 Seoul National University LEI Full-time Instructor
	이화여자대학교 한국학 박사(한국어교육) Ph.D. in Korean Studies (Teaching Korean as a Foreign Language), Ewha Womans University
박미래 Park Mirae	서울대학교 언어교육원 대우전임강사 Seoul National University LEI Full-time Instructor
	고려대학교 영어영문학 석사 M.A. in English Language and Literature, Korea University

번역 Translator

이수잔소명 Lee Susan Somyung	통번역가 Translator & Interpreter
	서울대학교 한국어교육학 석사 M.A. in Korean Language Education as a Foreign Language, Seoul National University

번역 감수 Translation Supervisor

손성옥 Sohn Sung-Ock	UCLA 아시아언어문화학과 교수 UCLA Professor at the Department of Asian Languages & Cultures

감수 Supervisor

안경화 Ahn Kyunghwa	전 서울대학교 언어교육원 대우교수 Former Seoul National University LEI Professor

자문 Consultants

한재영 Han Jae Young	한신대학교 명예교수 Hanshin University Honorary Professor
최은규 Choi Eunkyu	전 서울대학교 언어교육원 대우교수 Former Seoul National University LEI Professor

도와주신 분들 Contributing Staff

디자인 Design	(주)이츠북스 ITSBOOKS
삽화 Illustration	(주)예성크리에이티브 YESUNG Creative
녹음 Recording	미디어리더 Media Leader

서울대 한국어+
Student's Book 3A

초판 1쇄 발행 2023년 5월 10일
초판 4쇄 발행 2025년 4월 30일

지은이 　　서울대학교 언어교육원

펴낸곳　　서울대학교출판문화원
주소　　　08826 서울 관악구 관악로 1
도서주문　02-889-4424, 02-880-7995
홈페이지　www.snupress.com
페이스북　@snupress1947
인스타그램　@snupress
이메일　　snubook@snu.ac.kr
출판등록　제15-3호

ISBN 978-89-521-3155-3 04710
　　　 978-89-521-3116-4 (세트)

ⓒ 서울대학교 산학협력단 · 2023

이 책과 음원은 저작권법에 의해서 보호를 받는 저작물이므로
무단 전재와 복제를 금합니다.

Written by Language Education Institute, Seoul National University
Published by Seoul National University Press

Copyright ⓒ Seoul National University R&DB Foundation 2023

All rights reserved. No part of this publication may be reproduced in any form
without the written permission from publisher.

서울대 한국어＋
문법과 표현
Student's Book
3A

서울대학교출판문화원

서울대 한국어+ Student's Book
문법과 표현 3A
서울대학교출판문화원

3A

단원	과	문법과 표현
1 새로운 출발	1-1. 시작과 만남	① 동-는다고 하다, 형-다고 하다, 명이라고 하다 ② 동-는다고 들었다, 형-다고 들었다, 명이라고 들었다
	1-2. 학교생활	③ 동-어 보니(까) ④ 동-어야겠다
2 날씨와 여행	2-1. 날씨 정보	① 동-는대(요), 형-대(요), 명이래(요) ② 동형-을 텐데, 명일 텐데
	2-2. 휴가 계획	③ 명으로 유명하다, 동형-기로 유명하다 ④ 동-자고 하다
3 인터넷 콘텐츠	3-1. 재미있는 콘텐츠	① 동-자마자 ② 동-으라고 하다, 동-지 말라고 하다
	3-2. 흥미로운 뉴스	③ 동-느냐고 하다/묻다, 형-으냐고 하다/묻다, 명이냐고 하다/묻다 ④ 동형-을까 봐(서)
4 약속과 만남	4-1. 약속	① 아무 명도 ② 명이나
	4-2. 모임 장소	③ 피동(-이/히/리/기-)
5 음식과 조리법	5-1. 좋아하는 음식	① 누구나, 언제나, 어디나, 무엇이나 ② 동형-을 줄 모르다
	5-2. 조리법	③ 동형-어야, 명이어야 ④ 동형-거든(요), 명이거든(요)

단원	과	문법과 표현
6 여가 생활	6-1. 함께 하는 운동	① 동-나 보다, 형-은가 보다, 명인가 보다 ② 동-었다가
	6-2. 색다른 취미	③ 동-을 생각/계획/예정이다 ④ 동-을 만하다
7 소비와 절약	7-1. 소비 성향	① 동-는 편이다, 형-은 편이다 ② 동-을까 말까 (하다)
	7-2. 중고 거래	③ 형-어하다 ④ 동 형-던
8 한국 생활	8-1. 문제와 해결	① 동 형-더라고(요), 명이더라고(요) ② 동-도록
	8-2. 문화 차이	③ 동-을 뻔하다 ④ 명이라고 (해서) 다 동-는/형-은/명인 것은 아니다
9 사건과 사고	9-1. 사고와 부상	① 동-는다고(요), 형-다고(요), 명이라고(요) ② 동-다(가)
	9-2. 분실	③ 명만 하다 ④ 동-어지다

서울대 한국어+

❶ 동-는다고 하다, 형-다고 하다, 명이라고 하다

▶ 다른 사람이나 뉴스, 책 등을 통해 알게 된 내용을 옮겨서 전달할 때 사용합니다.
These expressions are used to relay information learned from someone, the news, a book, or other resources.

> 예 미나 씨는 시간이 있으면 책을 **읽는다고 해요**.
> 알리 씨는 시험 때문에 **바쁘다고 했어요**.
> 알렉스 씨는 영어 **선생님이라고 해요**.

동-는다고 하다	가다	간다고 하다
	먹다	먹는다고 하다
형-다고 하다	바쁘다	바쁘다고 하다
명이라고 하다	가수	가수라고 하다
	학생	학생이라고 하다

▶ 들은 내용이 과거의 상황을 나타낼 때는 '-었다고 하다, 이었다고 하다'의 형태로 사용합니다.
When what you heard indicates a past situation, use the forms of '-었다고 하다, 이었다고 하다.'

> 예 샤오밍 씨는 아침을 안 **먹었다고 했어요**.
> 리나 씨는 어제 발표 준비 때문에 **바빴다고 했어요**.
> 우리 학교는 옛날에 **골프장이었다고 해요**.

▶ 들은 내용이 미래의 상황을 나타낼 때는 '-을 거라고 하다', '-겠다고 하다'의 형태로 사용합니다.
When what you heard indicates a future situation, use the forms of '-을 거라고 하다,' '-겠다고 하다.'

> 예 일기 예보에서 내일 날씨가 **따뜻할 거라고 해요**.
> 나나 씨가 민호 씨 생일 파티에 케이크를 사 **오겠다고 했어요**.

❷ 동-는다고 들었다, 형-다고 들었다, 명이라고 들었다

▶ 다른 사람이나 매체를 통해 들은 내용을 옮겨서 전달할 때 사용합니다.
These expressions are used to relay what you have heard from someone or the media.

예 한국 사람들은 김치를 **좋아한다고 들었어요**.
서울대학교 캠퍼스가 **넓다고 들었어요**.
내일부터 **방학이라고 들었어요**.

동-는다고 들었다	오다	**온다고 들었다**
	읽다	**읽는다고 들었다**
형-다고 들었다	힘들다	**힘들다고 들었다**
명이라고 들었다	연휴	**연휴라고 들었다**
	회사원	**회사원이라고 들었다**

▶ 들은 내용이 과거의 상황을 나타낼 때는 '-었다고 들었다, 이었다고 들었다'의 형태로 사용합니다.
When what you heard indicates a past situation, use the forms of '-었다고 들었다, 이었다고 들었다.'

예 제 고향은 어제 비가 **왔다고 들었어요**.
그 배우는 예전에 **축구 선수였다고 들었어요**.

▶ 들은 내용이 미래의 상황을 나타낼 때는 '-을 거라고 들었다'의 형태로 사용합니다.
When what you heard indicates a future situation, use the form of '-을 거라고 들었다.'

예 선배한테서 엥흐 씨가 다음 학기에 고향에 **돌아갈 거라고 들었어요**.
내일도 날씨가 **따뜻할 거라고 들었어요**.

❸ 동-어 보니(까)

▶ 경험한 후 새롭게 알게 된 사실이나 경험에 대한 생각을 나타낼 때 사용합니다.
This expression is used to indicate a new fact or thought you learned from your experience.

예 남대문 시장에 **가 보니까** 싸고 좋은 물건이 많았어요.
생각해 보니 부모님 말씀이 다 맞는 것 같아요.
전주에 가서 비빔밥을 **먹어 보니까** 정말 맛있었어요.

동-어 보니(까)	오다	와 보니(까)
	먹다	먹어 보니(까)
	공부하다	공부해 보니(까)

▶ 동사 '보다'에는 '-어 보니까'를 사용하지 않습니다.
The verb '보다' is not used with '-어 보니까.'

예 그 드라마를 **봐 보니까** 내용이 좀 지루했어요. (×)
그 드라마를 **보니까** 내용이 좀 지루했어요. (○)

❹ 동-어야겠다

▶ 말하는 사람의 의지를 나타내거나 추측할 때 사용합니다.
This expression is used to indicate the speaker's own will or make an assumption.

예 다음 학기에는 꼭 대학원에 **입학해야겠어요**.
내년에는 책을 많이 **읽어야겠어요**.

가: 학교 앞에 새로 생긴 카페가 정말 좋아요.
나: 그래요? 저도 한번 가 **봐야겠네요**.

가: 민수 씨, 집에 가서 좀 **쉬어야겠어요**. 몸이 많이 안 좋아 보이네요.
나: 네. 그럴게요. 고마워요.

동-어야겠다	가다	**가야겠다**
	읽다	**읽어야겠다**
	졸업하다	**졸업해야겠다**

2단원

❶ 동-는대(요), 형-대(요), 명이래(요)

▶ 다른 사람이나 뉴스, 책 등을 통해 알게 된 내용을 옮겨서 전달할 때 사용하는 '-는다고 하다, -다고 하다, 이라고 하다'의 짧은 형태(축약형)입니다.
These expressions are the shortened(abbreviated) forms of '-는다고 하다, -다고 하다, 이라고 하다' which are used to relay what you learned from someone, the news, a book, or other resources.

> 예 수호 씨는 청바지를 자주 **입는대요**.
> 뉴스에서 올해가 작년보다 더 **덥대**.
> 재희 씨는 다음 주부터 **방학이래요**.

	사다	산대(요)
동-는대(요)	입다	입는대(요)
형-대(요)	바쁘다	바쁘대(요)
명이래(요)	부자	부자래(요)
	학생	학생이래(요)

▶ 알게 된 내용이 과거의 상황을 나타낼 때는 '-었대(요), 이었대(요)'의 형태로 사용합니다.
When what you learned indicates the past situation, use the forms of '-었대(요), 이었대(요).'

> 예 닝닝 씨가 파티에 가려고 원피스를 **샀대요**.
> 민호 씨가 감기에 걸려서 어제 많이 **아팠대요**.
> 유주 씨가 지난주에 회사 **휴가였대요**.

▶ 알게 된 내용이 미래의 상황을 나타낼 때는 '-을 거래(요)', '-겠대(요)'의 형태로 사용합니다.
When what you learned indicates the future situation, use the forms of '-을 거래(요),' '-겠대(요).'

> 예 일기 예보에서 내일 눈이 **올 거래요**.
> 지우 씨가 다음 학기부터 한국어 수업을 **듣겠대요**.

❷ 동형-을 텐데, 명일 텐데

▶ 추측하거나 예상하는 일에 대해 말할 때 사용합니다.
These expressions are used to make a guess or anticipate some event.

예 오후에 비가 **올 텐데** 우산을 가지고 가는 게 어때요?
이번 시험이 **어려울 텐데** 걱정이네요.
고향은 지금 **새벽일 텐데** 고향 친구에게 연락해도 괜찮아요?

동형-을 텐데	닫다	닫을 텐데
	슬프다	슬플 텐데
명일 텐데	수업	수업일 텐데

▶ 과거의 상황을 나타낼 때는 '-었을 텐데, 이었을 텐데'의 형태로 사용합니다.
When indicating a past situation, use the forms of '-었을 텐데, 이었을 텐데.'

예 일이 많아서 **힘들었을 텐데** 이제 좀 쉬세요.

▶ 종결형으로도 사용합니다.
It is also used as a final ending.

예 여행 가는 날 날씨가 맑으면 **좋을 텐데요**.

❸ 명으로 유명하다, 동형-기로 유명하다

그건 무슨 책이에요?

새로 나온 소설책인데 내용이 재미있기로 유명하대요. 그래서 읽어 보려고요.

▶ 많은 사람들에게 잘 알려진 것을 말할 때 사용합니다.
These expressions are used to describe something that is well known.

예 그 카페는 맛있는 **디저트로 유명해요**.
이 섬은 드라마를 **촬영한 곳으로 유명해요**.
저 사람은 노래를 잘 **부르기로 유명해요**.
제 고향은 야경이 **아름답기로 유명해요**.

명으로 유명하다	축구	축구로 유명하다
	음식	음식으로 유명하다
동형-기로 유명하다	만들다	만들기로 유명하다
	예쁘다	예쁘기로 유명하다

❹ 동-자고 하다

▶ 권유하거나 제안하는 말을 다른 사람에게 전할 때 사용합니다.
This expression is used to relay a suggestion or recommendation to do something together.

> 예 동생한테 주말에 같이 **청소하자고 했어요**.
> 친구가 수업을 열심히 **듣자고 했어요**.

▶ 부정형으로 표현할 때는 '-지 말자고 하다'를 사용합니다.
When negating, use '-지 말자고 하다.'

> 예 친구가 날씨가 추우니까 산에 **가지 말자고 했어요**.

3단원

❶ 동-자마자

▶ 어떤 상황이 일어나고 곧바로 그다음의 상황이 일어남을 나타낼 때 사용합니다.
This expression is used to indicate a situation that occurs right after the preceding one.

> 예 저는 아침에 **일어나자마자** 물을 마셔요.
> 오늘은 회의가 **끝나자마자** 집에 갈 거예요.
> 자리에 **앉자마자** 선생님이 들어오셨어요.

▶ 과거 또는 미래의 상황을 나타내는 '-었-', '-겠-'과는 함께 사용하지 않습니다.
It is not used with '-었-,' '-겠-' which indicate a past or future situation.

> 예 너무 피곤해서 집에 **갔자마자** 잤어요. (×)
> 너무 피곤해서 집에 **가자마자** 잤어요. (○)
> 고향에 **돌아가겠자마자** 고등학교 동창을 만날 거예요. (×)
> 고향에 **돌아가자마자** 고등학교 동창을 만날 거예요. (○)

❷ 동-으라고 하다, 동-지 말라고 하다

▶ 명령이나 부탁하는 말을 다른 사람에게 전할 때 사용합니다.
These expressions are used to relay a command or request from another person.

> 예 엄마가 오늘 일찍 **들어오라고 하셨어요**.
> 친구가 창문을 **열라고 했어요**.

동-으라고 하다	보다	보라고 하다
	읽다	읽으라고 하다

▶ 금지의 상황을 전달할 때는 '-지 말라고 하다'를 사용합니다.
When relaying someone not to do something, use '-지 말라고 하다.'

> 예 선생님이 수업 시간에 휴대폰을 **보지 말라고 하셨어요**.

▶ '주다'를 '-으라고 하다'로 말할 때는 상황에 따라 '달라고 하다'와 '주라고 하다'로 사용합니다.
When saying '주다' with '-으라고 하다,' '달라고 하다' or '주라고 하다' are used depending on whether the speaker is the recipient or not.

화자 = 수혜자	나나 : 주스 좀 주세요. → 나나 씨가 (저에게) 주스 좀 달라고 했어요.
화자 ≠ 수혜자	나나 : 줄리앙 씨에게 주스 좀 주세요. → 나나 씨가 (저에게) 줄리앙 씨에게 주스 좀 주라고 했어요.

> 예 동생이 돈을 **빌려 달라고 했어요**.
> 알렉스 씨가 프엉 씨에게 우산을 **주라고 했어요**.

❸ 동-느냐고 하다/묻다, 형-으냐고 하다/묻다, 명이냐고 하다/묻다

▶ 질문 내용을 전달할 때 사용합니다.
These expressions are used when the relaying message is a question.

> 예 다니엘 씨에게 몇 시까지 박물관에 가야 **하느냐고 물어보세요**.
> 은아 씨가 어떤 음악이 **좋으냐고 해서** 조용한 음악이 좋다고 했어요.
> 선배한테 축제 때 오는 가수가 **누구냐고 물어봤어요**.

동-느냐고 하다/묻다	먹다	먹느냐고 하다/묻다
형-으냐고 하다/묻다	크다	크냐고 하다/묻다
	좋다	좋으냐고 하다/묻다
명이냐고 하다/묻다	의사	의사냐고 하다/묻다
	학생	학생이냐고 하다/묻다

▶ 들은 내용이 과거 상황을 나타낼 때는 '-었느냐고 하다/묻다, 이었느냐고 하다/묻다'의 형태로 사용합니다.
When what you heard indicates a past situation, use the forms of '-었느냐고 하다/묻다, 이었느냐고 하다/묻다.'

> 예 엥흐 씨가 저에게 아침을 **먹었느냐고 했어요**.
> 친구가 저에게 어제 많이 **바빴느냐고 물어봤어요**.
> 다니엘 씨가 저에게 어제가 **휴가였느냐고 물어봤어요**.

▶ 들은 내용이 미래 상황을 나타낼 때는 '-을 거냐고 하다/묻다', '-겠느냐고 하다/묻다'의 형태로 사용합니다.
When what you heard indicates a future situation, use the forms of '-을 거냐고 하다/묻다,' '-겠느냐고 하다/묻다.'

예 민우 씨에게 내일 어디에서 **만날 거냐고 물어볼까요**?
나나 씨에게 주말에 같이 부산에 **가겠느냐고 물어봤어요**.

▶ 구어체에서는 '-느냐고 하다/묻다'와 '-으냐고 하다/묻다'에서 '-느-'와 '-으-'를 생략한 형태인 '-냐고 하다/묻다'를 주로 사용합니다.
The casual form of '-냐고 하다/묻다,' which omits '-느-' and '-으-' in the expressions '-느냐고 하다/묻다' and '-으냐고 하다/묻다,' is commonly used in colloquial conversation.

예 가: 여행사에 전화해서 고향에 가는 비행기표가 **있냐고 물어봐 줄래**?
나: 응. 그럴게.

❹ 동형-을까 봐(서)

▶ 원하지 않는 상황을 대비해서 행동한 것을 이야기하거나, 그 상황을 걱정할 때 사용합니다.
This expression is used when talking about an action you took in preparation for an undesirable situation or expressing concern.

예 시험에 **떨어질까 봐** 열심히 공부했어요.
　　비가 **올까 봐서** 우산을 가지고 왔어요.
　　길이 막혀서 **늦을까 봐** 일찍 나왔어요.
　　나나 씨가 **아플까 봐서** 걱정이네요.
　　날씨가 **더울까 봐** 반팔을 입고 왔어요.

동형-을까 봐(서)	먹다	먹을까 봐(서)
	나쁘다	나쁠까 봐(서)

TIPS

뒤에 오는 문장에 미래 시제를 사용하지 않습니다.
Do not use the future tense in the following sentence.
예 추울까 봐 따뜻한 옷을 입을 거예요. (×)

명령문이나 청유문의 형태로 사용하지 않습니다.
It cannot be used in imperative or propositive sentences.
예 추울까 봐 따뜻한 옷을 입으세요. (×)
　　추울까 봐 따뜻한 옷을 입을까요? (×)

❶ 아무 명 도

▶ 장소나 물건, 사람 등이 전혀 없다는 것을 강조할 때 사용합니다.
This expression is used to emphasize that there is no place, thing, or person.

　예　혹시 제 휴대폰 못 봤어요? **아무 데도** 없어요.
　　　일요일이라서 학교에 **아무도** 없었어요.

　　가: 주말에 약속이 있어요?
　　나: 아니요. **아무 약속도** 없어요.

사람	아무도
장소	아무 데도
물건	아무것도
그 외	아무 계획도, 아무 일도, 아무 약속도

▶ '없다, 않다, 못하다, 모르다, 아니다, 말다' 등의 부정을 나타내는 표현과 함께 사용합니다.
It is used with the negative expressions like '없다, 않다, 못하다, 모르다, 아니다, 말다.'

　예　가: 뭘 보면서 웃고 있어요?
　　　나: **아무것도** 아니에요.

▶ '아무한테도, 아무하고도' 등과 같이 조사와 함께 쓸 수 있습니다.
As in the case of '아무한테도, 아무하고도,' these expressions can be used with particles.

　예　비밀이니까 내가 한 말을 **아무한테도** 이야기하지 마세요.

❷ 명이나

이번 방학에 여행 갈 거예요?

아르바이트 때문에 여행을 못 가요. 그냥 집에서 쉬면서 영화나 보려고 해요.

▶ 만족스럽지는 않지만 괜찮은 정도의 차선임을 나타낼 때 사용합니다.
This expression is used to suggest something that is not completely satisfactory but a good alternative solution.

예) 이번 휴가 때는 집에서 **영화나** 보려고요.
   냉장고에 먹을 게 없는데 우리 같이 **라면이나** 끓여 먹자.

명이나	영화	영화나
	책	책이나

▶ 가벼운 제안을 할 때에도 사용합니다.
It is also used to make light suggestions.

예) 바쁘지 않으면 저하고 **커피나** 한잔할래요?

TIPS
'아무'가 '이나'와 함께 쓰여 긍정의 상황에서 사용되기도 합니다.
By combining '아무' and '이나,' it may be used in positive situations.
예) 그 문제는 너무 쉬워서 아무나 풀 수 있습니다.

❸ 피동(-이/히/리/기-)

▶ 주어가 스스로 행동하는 것이 아니라 다른 사람이나 사물에 의해 행동이 이루어지는 것을 나타낼 때 사용합니다.

These expressions are used to indicate that the subject is not acting on its own but is instead being acted on by another person or object.

예
방에서 바다가 **보여요**.
길이 많이 **막히네요**.
아기가 엄마에게 **안겨** 있어요.

가: 요즘 무슨 과일이 잘 **팔려요**?
나: 사과가 잘 **팔려요**.

이		히		리		기	
보다	**보이다**	막다	**막히다**	팔다	**팔리다**	안다	**안기다**
놓다	**놓이다**	닫다	**닫히다**	걸다	**걸리다**	담다	**담기다**
바꾸다	**바뀌다**	잡다	**잡히다**	열다	**열리다**	쫓다	**쫓기다**
쓰다	**쓰이다**	읽다	**읽히다**	풀다	**풀리다**	끊다	**끊기다**
잠그다	**잠기다**	뽑다	**뽑히다**	듣다	**들리다**	씻다	**씻기다**

▶ '놓이다, 쓰이다, 닫히다, 열리다, 걸리다, 잠기다, 안기다' 등의 동사는 상태가 지속됨을 나타내는 상황에서 '-아/어 있다'와 함께 쓰는 것이 자연스럽습니다.

It is natural to use '-아/어 있다' when expressing continuation using the verbs '놓이다, 쓰이다, 닫히다, 열리다, 걸리다, 잠기다, 안기다.'

예
카페 벽에 그림이 **걸려** 있어요.
책상 위에는 컴퓨터가 **놓여** 있어요.

5단원

❶ 누구나, 언제나, 어디나, 무엇이나

▶ 어떤 사람 또는 어느 것이나 가리지 않고 모두가 그러함을 나타낼 때 사용합니다.
These expressions are used to indicate that everything is included without exception.

> 예 음악에 관심이 있는 분은 **누구나** 참여하실 수 있습니다.
> 힘들 때 **언제나** 옆에 있어 줄게요.
> 출퇴근 시간에는 **어디나** 차가 막혀요.

사람	누구나
시간	언제나
장소	어디나
물건	무엇이나

▶ '무슨, 어떤, 어느 명이나'와 같은 형태로 사용할 수 있습니다.
They can be used in the forms of '무슨, 어떤, 어느 명이나.'

> 예 저는 **무슨 음식이나** 잘 먹어요.
> 이 배우가 출연하는 영화는 **어떤 영화나** 재미있어요.
> 이 근처 식당은 **어느 식당이나** 다 맛있어요.

▶ '누구하고나, 누구에게나, 어디(에)서나' 등과 같이 조사와 함께 쓸 수 있습니다.
As in the case of '누구하고나, 누구에게나, 어디(에)서나,' these expressions can be used with particles.

> 예 우리 할머니는 **누구하고나** 쉽게 친구가 될 수 있어요.
> 소날 씨는 **누구에게나** 친절합니다.
> 요즘은 **어디에서나** 인터넷으로 물건을 구입할 수 있어요.

❷ 동형-을 줄 모르다

▶ 기대나 예측과 다른 사실 또는 상태를 알게 되어 놀랐음을 나타낼 때 사용합니다.
This expression is used to show one's surprise at finding out that a fact or state contradicts one's expectations or predictions.

> 예 동수가 그렇게 공부를 **잘할 줄 몰랐어요**.
> 배우 희수가 저렇게 **예쁠 줄 몰랐어요**.

동형-을 줄 모르다	닫다	닫을 줄 모르다
	크다	클 줄 모르다

▶ 위의 의미로 사용할 경우에는 문장 종결형은 과거형인 '몰랐다'를 씁니다.
When used in this sense, the sentence final ending is used in the past tense '몰랐다.'

> 예 오늘 비가 **올 줄 몰랐어요**.

▶ 주어의 조사는 '이/가'로 쓰고, '은/는'은 쓰지 않습니다.
For the subject's particle, use '이/가' and not '은/는.'

> 예 한국 음식은 **맛있을 줄 몰랐어요**. (×)
> 한국 음식이 **맛있을 줄 몰랐어요**. (○)

▶ '너무', '아주'와 같은 부사 대신 '이렇게', '그렇게', '저렇게'를 씁니다.
Instead of using adverbs like '너무,' '아주,' use '이렇게,' '그렇게,' '저렇게.'

> **예** 떡볶이가 이렇게 **매울 줄 몰랐어요**.

▶ '-을 줄 알다'는 기대나 예측과 같거나 다른 상황에서 모두 사용할 수 있습니다.
'-을 줄 알다' can be used in any situation where the expectation or belief is the same or different from the outcome.

> **예** 저는 대한 씨가 일등을 **할 줄 알았어요**. 대한 씨처럼 열심히 공부하는 사람은 없으니까요.
> 저는 대한 씨가 시험을 **망칠 줄 알았어요**. 그런데 일등을 해서 놀랐어요.

▶ '-는 줄 모르다', '-은 줄 모르다', '인 줄 모르다'를 쓰면 그 사실을 몰랐다는 뜻이 됩니다.
If you use '-는 줄 모르다,' '-은 줄 모르다,' '인 줄 모르다,' then it would mean that you were unaware of the fact.

> **예** 오늘 시험을 **보는 줄 몰랐어요**.
> 다미 씨가 이렇게 키가 **큰 줄 몰랐어요**.
> 지훈 씨가 **배우인 줄 몰랐어요**.

❸ 동형-어야, 명이어야

▶ 앞에 오는 문장이 뒤에 오는 문장의 필수적인 조건이 될 때 사용합니다.
These connectives are used when the preceding sentence becomes a necessary condition for the following sentence.

예 따뜻한 옷을 **입어야** 감기에 걸리지 않을 거예요.
건강해야 행복하게 살 수 있어요.
학생이어야 교통 할인을 받으실 수 있습니다.

동형-어야	가다	**가야**
	무겁다	**무거워야**
	공부하다	**공부해야**
명이어야	국내	**국내여야**
	성인	**성인이어야**

❹ 동형-거든(요), 명이거든(요)

▶ 듣는 사람이 모르는 정보나 이유를 알려 줄 때 사용합니다.
These expressions are used at the end of a sentence to provide information or a reason that the listener is unaware of.

예 가: 왜 벌써 출발해요?
　　나: 지금 출발하지 않으면 길이 **막히거든요**.

　　가: 왜 그렇게 두꺼운 옷을 입었어요?
　　나: 사무실이 많이 **춥거든요**.

　　가: 왜 오늘 학교에 안 가?
　　나: 오늘부터 **방학이거든**.

동형-거든(요)	읽다	읽거든(요)
	예쁘다	예쁘거든(요)
명이거든(요)	연휴	연휴거든(요)
	학생	학생이거든(요)

▶ 과거의 상황을 나타낼 때는 '-었거든(요), 이었거든(요)'의 형태로 사용합니다.
When expressing a past situation, use the forms of '-었거든(요), 이었거든(요).'

예 가: 오늘 왜 모임에 늦었어요?
　　나: 회의가 늦게 **끝났거든요**.

TIPS 주로 구어체로 사용합니다.
These expressions are mainly used colloquially.

6단원

❶ 동-나 보다, 형-은가 보다, 명인가 보다

목이 많이 아픈가 봐요.

네. 오랫동안 같은 자세로 책을 읽어서 그런 것 같아요.

▶ 말하는 사람이 어떤 상황을 보고 추측하여 이야기할 때 사용합니다.
These expressions are used when the speaker is making a guess based on what they have seen.

예) 나나 씨가 전화를 안 받아요. **샤워하나 봐요.**
7시 영화표는 매진됐어요. 영화가 **재미있나 봐요.**
저 사람은 서울대학교 점퍼를 입고 있어요. 서울대학교 **학생인가 봐요.**

동-나 보다	먹다	먹나 보다
형-은가 보다	바쁘다	바쁜가 보다
	좋다	좋은가 보다
명인가 보다	가수	가수인가 보다

▶ 이미 완료된 상황에 대해 추측하여 이야기할 때는 '-었나 보다, 이었나 보다'의 형태로 사용합니다.
When making a guess about a past situation, use the forms of '-었나 보다, 이었나 보다.'

예) 안나 씨가 불을 켜 놓고 나갔네요. 많이 **바빴나 봐요.**
호준 씨가 가게에 갔다가 그냥 돌아왔어요. 쉬는 **날이었나 봐요.**

▶ 미래에 일어날 일에 대해 추측하여 이야기할 때에는 '-을 건가 보다'의 형태로 사용합니다.
When making a guess about the future, use the form of '-을 건가 보다.'

예) 에릭 씨가 중국어 공부를 열심히 하고 있어요. 중국으로 유학을 **갈 건가 봐요.**

동-나 보다, 형-은가 보다	동-는 것 같다, 형-은 것 같다 (2급 4단원)
말하는 사람의 간접 경험만으로 추측할 때 사용합니다. They are used to make a guess based solely on the speaker's indirect experience. 예 (식당 앞에 줄을 길게 서 있는 사람들을 보고) 이 식당 음식이 맛있나 봐요.	간접 경험으로 추측하거나 직접 경험한 사실에 대해서 이야기할 때 사용합니다. They are used when a guess is based on an indirect experience or a fact from a personal experience. 예 (음식을 먹고 나서) 이 식당 음식이 맛있는 것 같아요.
추측의 단서가 있을 때 사용합니다. They are used when there are some clues to make a guess. 예 나나 씨가 학교에 안 왔어요. 아픈가 봐요.	추측의 단서가 없어도 사용할 수 있습니다. They can be used when there are no clues to make a guess. 예 내일은 비가 올 것 같아요.

❷ 동-었다가

▶ 앞에 오는 문장의 동작이 완전히 끝난 후 다른 동작으로 바뀌는 것을 나타낼 때 사용합니다.
This expression is used when the action in the preceding sentence has completely ended and changed to another action.

> 예 택시를 **탔다가** 너무 막혀서 내렸어요.
> 휴대폰이 잘 안돼서 전원을 **껐다가** 켰어요.
> 무거운 물건을 들 때는 무릎을 **굽혔다가** 펴야 해요.
> 구두를 **신었다가** 다리가 아파서 운동화로 갈아 신었어요.

동-었다가	가다	갔다가
	입다	입었다가
	약속하다	약속했다가

▶ 앞에 오는 문장과 뒤에 오는 문장의 주어가 일치해야 합니다.
The subjects of the preceding and following sentences must be the same.

> 예 (나는) 도서관에 **갔다가** (나는) 친구를 만났어요.

▶ 앞에 오는 문장과 뒤에 오는 문장의 동사는 반대의 의미이거나 서로 관련이 있어야 합니다.
The verbs in the preceding and following sentences need to have opposite meanings or be related to each other.

> 예 코트를 **입었다가** 너무 더워서 벗었어요.

❸ 동-을 생각/계획/예정이다

▶ 앞으로 할 일에 대한 생각이나 계획을 이야기할 때 사용합니다.
These expressions are used when talking about your thoughts or plans for the future.

예 졸업하고 유학 **갈 생각이에요**.
주말에는 한국 역사책을 **읽을 생각이다**.
올해는 바빠서 내년에 **결혼할 계획입니다**.
새해부터는 아침마다 **운동할 계획이다**.
아이가 10월에 **태어날 예정이에요**.
다음 달부터 한국어 수업을 **들을 예정이에요**.

동-을 생각/계획/예정이다	취직하다	**취직할 계획이다**
	먹다	**먹을 생각이다**

▶ '-을 예정이다'는 확실히 정해진 일에 대해서 말할 때 사용합니다.
'-을 예정이다' is used to talk about things that have been determined.

예 서울대학교에 합격했어요. 내년 3월부터 서울대학교에서 **공부할 예정이에요**.

❹ 동-을 만하다

▶ 다른 사람에게 추천할 만큼 아주 괜찮거나, 좋지는 않지만 나쁘지 않은 정도를 나타낼 때 사용합니다.
This expression is used to indicate a good recommendation or a so-so suggestion to another person.

예 나무 공예가 **배워 볼 만할 거예요**.
그 책은 내용이 어렵지 않아서 **읽을 만해요**.
친구가 만들어 준 음식이 정말 **먹을 만했어요**.

동-을 만하다	보다	볼 만하다
	참다	참을 만하다

▶ 뒤에 명사가 올 때는 '-을 만한 명'의 형태로 사용합니다.
When followed by a noun, use it in the form of '-을 만한 명.'

예 서울은 **구경할 만한 곳**이 많아요.
외국 친구에게 **추천할 만한 한국 음식**은 뭐예요?

7단원

❶ 동-는 편이다, 형-은 편이다

쇼핑하는 걸 좋아해요?

네. 좋아하는 편이에요. 그래서 자꾸 과소비를 하게 돼요.

▶ 어떤 사실이 대체로 어떤 쪽에 가깝거나 속함을 나타낼 때 사용합니다.
These expressions are used to indicate a fact's tendency or relativity.

예 나는 한국말을 **잘하는 편이다**.
저는 책을 많이 **읽는 편이에요**.
우리 고향은 인터넷이 **빠른 편입니다**.
학교 앞 식당의 음식은 **맛있는 편이에요**.

동-는 편이다	사다	사는 편이다
	입다	입는 편이다
형-은 편이다	비싸다	비싼 편이다
	많다	많은 편이다

❷ 동-을까 말까 (하다)

> 무슨 고민이 있어요?

> 휴대폰이 오래돼서 새로 살까 말까 하고 있어요.

▶ 어떤 행동을 할지 안 할지에 대해 망설이고 있음을 나타낼 때 사용합니다.
This expression is used to indicate contemplation about an action.

예) 새 노트북을 **살까 말까** 하고 있어요.
새로 산 신발이 불편해서 **신을까 말까** 하고 있어요.

동-을까 말까 (하다)	가다	갈까 말까 (하다)
	먹다	먹을까 말까 (하다)

▶ '하다' 대신에 '고민하다, 망설이다, 생각하다'와 같은 표현을 사용할 수 있습니다.
Instead of '하다,' expressions such as '고민하다, 망설이다, 생각하다' can be used.

예) 새로 산 옷이 좀 작아서 **바꿀까 말까** 고민하고 있어요.
월급이 적어서 합격한 회사에 **다닐까 말까** 망설이고 있어요.
졸업 후에 유학을 **갈까 말까** 생각하고 있어요.

TIPS

동-을까 말까(하다)	동-을까 하다 (2급 8단원)
어떤 행동을 망설이고 있음을 표현할 때 사용합니다. It is used to express hesitancy about taking an action. 예) 휴가 때 여행을 갈까 말까 하고 있어요.	어떤 행동을 할 마음이나 생각이 있음을 표현할 때 사용합니다. It is used to express an intention or thoughts about an action. 예) 휴가 때 여행을 갈까 해요.

❸ 형-어하다

▶ 심리 상태나 느낌을 말할 때 사용합니다.
This expression is used to describe psychological state or feelings.

> 예 샤오밍 씨가 선물을 받고 **좋아해요**.
> 미나 씨는 귀신을 **무서워해요**.
> 진수 씨가 회사 일 때문에 **힘들어해요**.

형-어하다	예쁘다	예뻐하다
	괴롭다	괴로워하다
	피곤하다	피곤해하다

▶ '좋다, 힘들다, 기쁘다, 행복하다, 무섭다, 춥다' 등과 같이 심리 상태나 느낌을 나타내는 형용사와 결합합니다.
It is combined with emotive adjectives such as '좋다, 힘들다, 기쁘다, 행복하다, 무섭다, 춥다' that describe a psychological state or feelings.

> 예 친구가 상을 받아서 **행복해해요**.

▶ 다른 사람의 느낌이나 심리 상태를 표현할 때 주로 사용합니다.
It is mainly used to express another person's feelings or mental state.

> 예 고향에 계신 부모님이 저를 **보고 싶어 하세요**.

▶ 자신을 객관화하여 표현할 경우 주어가 1인칭일 때도 사용할 수 있습니다.
When expressing oneself objectively, it can be used even when the subject is in the first person.

> 예 저는 개를 **무서워해요**.

❹ 동 형 -던

제가 사용하던 운동 기구인데 필요하면 가져가세요.

정말 고마워요. 새것 같네요.

▶ 과거에 자주 한 행동이나 완료되지 않은 상황을 회상하여 말할 때 사용합니다.
This retrospective expression is used to recall an action that was frequently done or an incomplete situation.

예 그 노래는 우리 어머니가 항상 **부르시던** 노래예요.
　　형이 **입던** 옷을 나에게 줬어요.
　　아까까지 **흐리던** 하늘이 다시 맑아졌어요.
　　제가 **쓰던** 볼펜이 없어졌어요.
　　내가 **먹던** 케이크를 냉장고에 넣어 두었어.

TIPS

동-던	동-은(2급 4단원)
과거에 자주 한 행동을 나타낼 때 사용합니다. It is used to indicate an action done frequently in the past. **예** 제가 자주 가던 식당이 없어졌어요. 아직 완료되지 않은 행동을 나타낼 때 사용합니다. It is used to indicate an action that has not been completed. **예** 제가 마시던 커피를 친구가 모르고 버렸어요.	과거에 한 행동을 나타낼 때 사용합니다. It is used to indicate an action done in the past. **예** 어제 산 옷이 마음에 안 들어요.

7단원 33

8단원

❶ 동형-더라고(요), 명이더라고(요)

▶ 과거에 직접 경험해서 새로 알게 된 사실에 대해 전달할 때 사용합니다.
These expressions are used to report a newly discovered fact gained from a past personal experience.

예) 아까 쉬는 시간에 친구들이 다 **자더라고요**.
생선회를 처음 먹어 봤는데 생각보다 **맛있더라고요**.
학생인 줄 알았는데 알고 보니 **선생님이더라고요**.

가: 존 씨가 어디에 있는지 알아?
나: 아까 수업이 끝나자마자 집으로 **가더라고**.

동형-더라고(요)	막다	막더라고(요)
	예쁘다	예쁘더라고(요)
명이더라고(요)	의사	의사더라고(요)
	경찰	경찰이더라고(요)

❷ 동-도록

▶ 행동에 대한 목적을 나타낼 때 사용합니다.
This expression is used to indicate the purpose of an action.

예 아이들도 잘 **먹을 수 있도록** 맵지 않게 요리했어요.
가족들이 생일을 **잊지 않도록** 달력에 표시했어요.
유리로 만든 물건이니까 **깨지지 않도록** 조심해 주세요.

▶ 동작이나 상태의 한계를 나타낼 때도 사용합니다.
It is also used to indicate the limit of a movement or state.

예 그는 병이 **나도록** 열심히 공부했다.
12시가 **넘도록** 안 들어와서 얼마나 걱정했는 줄 알아?
몇 달이 **지나도록** 범인을 잡지 못했다.

TIPS

목적을 나타내는 '-도록'은 대부분 '-게'로 바꿔 사용할 수 있습니다.
In cases where '-도록' indicate a purpose, '-게' can be interchangeably used.
예 잘 보이게 글씨를 크게 써 주세요.

'-도록'에 '하다'를 붙여 다른 사람에게 어떤 행위를 하게 함을 나타낼 때 사용합니다.
By joining '-도록' and '하다' together, it is used to make a person take an action.
예 가: 내일 회의에 꼭 참석하도록 하세요.
   나: 네. 꼭 참석하도록 하겠습니다.

❸ 동-을 뻔하다

지하철을 타려고 뛰어가다가 넘어질 뻔했어요.

정말 큰일 날 뻔했네요.

▶ 어떤 일이 실제로 일어나지 않았지만 거의 일어나기 직전의 상태까지 갔음을 나타낼 때 사용합니다.
This expression is used to indicate that something did not happen but was on the verge of happening.

예 공항에 늦게 도착해서 비행기를 **놓칠 뻔했어요**.
　　숙제를 **잊어버릴 뻔했는데** 조이 씨가 알려 줬어.
　　교통사고가 크게 나서 **죽을 뻔했어요**.
　　이 앨범을 소개해 줘서 고마워. 이렇게 좋은 노래를 못 **들을 뻔했네**.

동-을 뻔하다	다치다	다칠 뻔하다
	늦다	늦을 뻔하다

TIPS
과거의 어떤 상황을 과장해서 말할 때도 사용합니다.
It is also used to exaggerate a past situation.
예 배가 고파서 죽을 뻔했어요.

❹ 몡이라고 (해서) 다 툉-는/휑-은/몡인 것은 아니다

▶ 일반적인 생각과 달리 예외가 있음을 나타낼 때 사용합니다.
This expression is used to indicate that there is an exception, contrary to popular belief.

> 예 **한국 사람이라고 해서** 모두 다 김치를 잘 먹는 **것은 아니에요.**
> **연휴라고** 항상 길이 **복잡한 것은 아니에요.**
> **우등생이라고 해서** 언제나 **일등인 것은 아니다.**

몡이라고 (해서) 다 툉-는 것은 아니다	읽다	읽는 것은 아니다
몡이라고 (해서) 다 휑-은 것은 아니다	크다	큰 것은 아니다
	어렵다	어려운 것은 아니다
몡이라고 (해서) 다 몡인 것은 아니다	어른	어른인 것은 아니다

▶ 앞에 오는 문장도 동사 또는 형용사와 함께 사용할 수 있습니다.
The preceding sentence may also be used with a verb or an adjective.

> 예 책을 많이 **읽는다고 해서** 다 공부를 잘하는 **것은 아니에요.**
> 돈이 **많다고 해서** 다 행복한 **것은 아니다.**
> 열심히 **공부했다고 해서** 항상 성적이 **좋은 건 아니야.**

툉-는다고 (해서)	운동하다	운동한다고 해서
	읽다	읽는다고 해서
휑-다고 (해서)	힘들다	힘들다고 해서

▶ '누구나, 언제나, 무엇이나, 어디나' 등과 같이 써서 의미를 강조할 수 있습니다.
By using the expressions with '누구나, 언제나, 무엇이나, 어디나,' the meaning can be emphasized.

> 예 **가수라고 해서 누구나** 다 노래를 잘 부르는 **것은 아니에요.**
> **시장이라고 해서 무엇이나** 다 싼 **것은 아닙니다.**

9단원

❶ 동-는다고(요), 형-다고(요), 명이라고(요)

▶ 다른 사람의 말을 듣고 들은 내용을 다시 확인하거나 놀라움을 표현할 때 사용합니다.
These expressions are used to confirm what you have heard or to show surprise.

예
가: 저 다음 주에 결혼해요.
나: 네? 다음 주에 **결혼한다고요**?

가: 오늘 날씨가 춥네요.
나: **춥다고요**? 20도인데요?

가: 내일은 수업이 없어.
나: **뭐라고**? 잘 못 들었어.

동-는다고(요)	가다	간다고(요)
	먹다	먹는다고(요)
형-다고(요)	멀다	멀다고(요)
명이라고(요)	숙제	숙제라고(요)
	간식	간식이라고(요)

▶ 들은 내용이 과거 상황일 때는 '-었다고(요), 이었다고(요)'의 형태로 사용합니다.
When what you heard is a situation in the past, use the forms of '-었다고(요), 이었다고(요).'

예
가: 하이 씨가 안 왔네요.
나: 누가 안 **왔다고요**?

가: 저는 고향에서 가수였어요.
나: 네? **가수였다고요**?

▶ 들은 내용이 미래 상황일 때는 '-을 거라고(요)', '-겠다고(요)'의 형태로 사용합니다.
When what you heard is a situation in the future, use the forms of '-을 거라고(요),' '-겠다고(요).'

　예　가: 방학에 고향에 돌아갈 거예요.
　　　나: 고향에 **돌아갈 거라고요**?

▶ '-으라고(요), -자고(요), -냐고(요)'의 형태로도 씁니다.
They are also used in the forms '-으라고(요), -자고(요), -냐고(요).'

　예　가: 내일 같이 밥 먹읍시다.
　　　나: 같이 밥 **먹자고요**?

▶ 상대방이 다시 질문한 내용에 대한 대답으로도 쓸 수 있습니다.
They can also be used to restate the answer you already provided.

　예　가: 오늘까지 숙제를 내야 해.
　　　나: **뭐라고**? 못 들었어.
　　　가: 오늘까지 숙제를 내야 **한다고**.

❷ 동-다(가)

▶ 앞에서 한 행동이 뒤에 오는 문장 상황의 원인이나 근거가 됨을 나타낼 때 사용합니다.
This expression is used to indicate that the preceding action is the cause or basis for the following situation.

> 예 민수 씨가 회사에서 일을 **하다가** 쓰러졌대요.
> 친구들과 **농구하다** 넘어져서 다리가 부러졌어요.
> 어제 지하철에서 **졸다가** 내릴 역을 놓쳤어요.

▶ 앞에 오는 문장과 뒤에 오는 문장의 주어가 일치해야 합니다.
The subjects of the preceding and following sentences must be the same.

> 예 하이 씨가 계단을 **내려가다가** (하이 씨가) 넘어졌어요.

❸ 명만 하다

▶ 어떤 것의 크기가 다른 것과 비교하여 비슷함을 표현할 때 사용합니다.
This expression is used to express the similarity of one object's size to another.

> 예) 동생이 **저만 해요**.
> 제 컴퓨터는 **한국어 책만 합니다**.
> 인형이 **사람만 하다**.

▶ 뒤에 명사기 올 경우, '명만 한 명'의 형태로 사용합니다.
If what follows is a noun, it is used in the form of '명만 한 명.'

> 예) **학생증만 한 카메라**를 선물 받았어요.
> 친구가 **팔뚝만 한 물고기**를 잡았다고 해요.

TIPS

관용적인 표현으로 사용하기도 합니다.
It is also used as an idiomatic expression.

> 예) 운동장만 한 방에서 살고 싶어요.
> 수업 시간에 친구가 모깃소리만 한 목소리로 말을 걸었다.

❹ 동-어지다

▶ 다른 힘에 의하여 행동하거나 어떤 일이 저절로 이루어짐을 나타낼 때 사용하는 피동 표현입니다.
This is a passive expression used to indicate that something is caused to happen by another force or by itself.

예 꽃이 **그려진** 가방을 잃어버렸다.
휴대폰이 **꺼졌어요**.
약속 장소가 아직 안 **정해졌어요**.
가방에 생긴 얼룩이 **지워지지** 않네요.
성균관은 조선 시대에 **지어진** 건물입니다.

동-어지다	찾다	찾아지다
	만들다	만들어지다
	정하다	정해지다

TIPS 일부 동사와 결합합니다. 자주 결합하는 동사는 다음과 같습니다.
It combines with certain verbs. The most frequently combined verbs are listed below:

고치다	→ 고쳐지다	느끼다	→ 느껴지다	정하다	→ 정해지다
굽다	→ 구워지다	만들다	→ 만들어지다	지우다	→ 지워지다
기다리다	→ 기다려지다	믿다	→ 믿어지다	지키다	→ 지켜지다
깨다	→ 깨지다	세우다	→ 세워지다	짓다	→ 지어지다
끄다	→ 꺼지다	쓰다	→ 써지다	찢다	→ 찢어지다
끊다	→ 끊어지다	알리다	→ 알려지다	켜다	→ 켜지다
		외우다	→ 외워지다